Zu diesem Buch

Die Klage über den Verfall der guten Sitten ist Jahrtausende alt und kulturübergreifend. Zur deutschen Eigenheit indes gehört, daß Etikette, Manieren und Benimm stärker als anderswo unter Verdacht stehen. Die große Geste, mit der sich die jüngere Generation am Ende der sechziger Jahre vom Plunder steifer Rituale, vom Konventionellen und Formellen befreite, bescherte uns, gottlob, den Abschied vom Knick im Sofakissen und vom rigide die Form wahrenden «autoritären Charakter», aber auch die Einsicht, daß das Aushängen der Klotüren nicht der Befreiung dient, sondern dem Gruppenterror.

Inzwischen ist der Tabubruch längst zu einer neuen Konvention geworden, die den Menschen gebietet, sich oder andere öffentlich zu entblößen. An den kleinen Gesten alltäglicher Zuvorkommenheit hingegen fehlt es – das Grüßen, das «Danke» oder «Bitte», das souveräne Gewähren von Vortritt oder Vorfahrt, das maßvolle Lächeln, die unaufdringliche Aufmerksamkeit füreinander. Es mangelt an Gesten der Beschwichtigung – vielleicht fürchten wir uns deshalb so voreinander.

Denn Manieren waren einst unerläßlich zum Abtasten und Einschätzen des Gegenübers, zur Entspannung im öffentlichen Raum. Höflichkeit entlastet die Menschen vom Unmöglichen: Man kann nicht jeden der vielen anderen lieben, wohl aber gepflegten Umgang mit ihnen haben. Nicht Herzlichkeit ist gefragt, sondern Höflichkeit, nicht Humanität, sondern Zivilität.

Umgangsformen befreien uns aus der Abhängigkeit vom Unsichersten überhaupt: vom guten Charakter. Cora Stephans «Neue deutsche Etikette» ist kein Benimm-Buch der herkömmlichen Art. Eine verklärte Sicht auf das Zwangskorsett der «guten alten Zeit» ist ihr fremd. Sie plädiert für eine «Ästhetik des sozialen Abstands», für ein neues «Ethos der Grazie» (Helmut Plessner), für jene soziale Phantasie, die es braucht, um die Regeln eines neuen gesellschaftlichen Spiels zu erfinden.

Die Autorin

Cora Stephan, geboren 1951, lebt in Frankfurt am Main; Journalistin, Essayistin, Autorin zahlreicher Bücher zu historischen und politischen Themen, zuletzt: «Der Betroffenheitskult. Eine politische Sittengeschichte» (rosach 9633).

Cora Stephan

Neue deutsche Etikette

Rowohlt

Veröffentlicht im
Rowohlt Taschenbuch Verlag GmbH,
Reinbek bei Hamburg, Juli 1996
Copyright © 1995 by Rowohlt · Berlin Verlag GmbH, Berlin
Alle Rechte vorbehalten
Umschlaggestaltung Walter Hellmann
(Plakatmotiv Schmuck-Werbung:
Archiv für Kunst und Geschichte, Berlin)
Gesamtherstellung Clausen & Bosse, Leck
Printed in Germany
1290-ISBN 3 499 60130 3

Für Rudolf Westenberger

Inhalt

III Bedient sein

IV Die Welt als Wille und Wohnzimmer

V Terror der Tugend

Nachwort

«Alles Unmittelbare
in unserem Leben ist falsch.»

Alain

Vorwort

«Eine schwere Aufgabe ist freilich die
Höflichkeit insofern, als sie verlangt, daß wir allen Leuten die
größte Achtung bezeugen, während die allermeisten keine
verdienen.»

Arthur Schopenhauer

Verschenken Sie dieses Buch

nicht an Menschen unter 30 Jahren, denen es, wie Sie glauben, nicht schadete, sie würden ein bißchen dazulernen, was gepflegte Umgangsformen und Respekt vor dem Alter, was gute alte Sitten und neue deutsche Etikette betrifft. Es ist das unveräußerliche Privileg der Jugend, von diesen Dingen keinerlei Kenntnis nehmen zu wollen. (Das kommt schon noch – später!) Und die Wohlerzogenen unter ihnen kränkte womöglich die Unterstellung, Sie hielten sie für unmanierlich.

Drücken Sie es auch niemandem in die Hand, der wissen will, was man dem Gastgeber zu einer Abendeinladung mitbringt oder wie man einen modernen Polterabend gestaltet. Es gibt da bessere und einschlägigere Werke mit aufklärendem Anspruch, die sicheres Auftreten bis in die Haarspitzen garantieren. Ebensowenig nützt es erfahrungsgemäß, Männern Bücher aufs Nachttischchen zu legen, womöglich noch begleitet von Sätzen wie «Damit du mal siehst» oder ähnlichen Ermahnungen. Männer lesen nicht, höchstens Fachzeitschriften, und rubrizieren gern alles Zwischen- und Mitmenschliche unter dem Subtitel «Frauenthemen», bei denen sie sich, wie sie brav gelernt haben, raushalten sollten.

Irrtum! Ihnen kann man entgegnen, daß die großen Sittenlehrer wie Erasmus von Rotterdam oder Baldassare Castiglione oder Baltasar Gracian gutes, richtiges Benehmen für ein Anliegen von höchstem Rang hielten, ganz oben auf der staatspolitischen Agenda angesiedelt. Nicht um die Besserung der Menschen ging es ihnen dabei, sondern um die möglichst reibungsarme Fortexistenz jener unendlich verletzlichen Veranstaltung namens Gesellschaft. Adolf Freiherr Knigge glaubte sogar, über die Vereinfachung und Vereinheitlichung des Verhaltens an der nationalen Einheit Deutschlands arbeiten zu können...

Formen machten die Welt übersichtlich und minderten die Gefahren, denen Menschen einander aussetzen. Formen begrenzten

Konflikte und definierten Strategien, sie zu lösen. Formen ermöglichten die Begegnung von einander Fremden im öffentlichen Raum. Formen waren die einfachsten Weisen der Verständigung über das gesellschaftlich Notwendige. Und, nicht zu vergessen: Formen dienten der Selbstdarstellung. Das kunstvolle Spiel mit den Formen konnte Öffentlichkeit zu einem ästhetischen Ereignis machen, zu einem Tableau, einem Reigen, einer lebendigen Skulptur. Vom kunstvollen Tableau einer hysterisch das Äußerliche kultivierenden höfischen Kultur sind wir heute, gottlob, weit entfernt? Dem ist nicht zu widersprechen. Doch selbst äußere Formlosigkeit pflegt Regeln zu folgen. Weshalb auch in diesem Buch nicht die Klage um den Verlust der Form angestimmt wird: Wer klagt, dem ist womöglich just entgangen, wie sich unter der scheinbaren Formlosigkeit schon wieder etwas Neues entwickelt hat, eine neue Anordnung der Körper in der Öffentlichkeit, ein neuer Reigen mit neuen Spielregeln.

Denn Formen des Umgangs miteinander sind heute wichtiger denn je. Sie sind das zivilisatorische Minimum, sozusagen, auf das Menschen unterschiedlichster Herkunft, mit verschiedenen Überzeugungen, Religionen, Pässen, Hautfarben und kulturellen Vorgaben ausgestattet, zurückgreifen können. Sie sind die *lingua franca* einer multikulturellen Gesellschaft. Sie sind Gesten der Beschwichtigung und Besänftigung in einem öffentlichen Raum, der mit mehr Menschen, Reizen und Irritationen angefüllt ist, als den meisten von uns lieb ist. Umgangsformen waren einst unerläßlich zur Zügelung der Gemüter, zum Abtasten und Einschätzen des Gegenübers, zur Entspannung im öffentlichen Raum. Sie entlasten die Menschen vom Unmöglichen: Man kann nicht jeden der vielen anderen lieben – wohl aber höflichen Umgang mit ihnen pflegen. Umgangsformen sind Angebote auf Integration, Scharniere der Zivilität und ein Freiheitsversprechen: Sie befreien uns aus der Abhängigkeit vom Unsichersten überhaupt – vom guten Charakter.

Deshalb wird in diesem Buch für eine neue Straßenverkehrsordnung geworben, die dem öffentlichen Miteinander Gestalt gibt, für eine schöpferische Neubestimmung der Regeln des Zusammenlebens – nicht ohne zugleich ein weiteres, zutiefst menschliches Bedürfnis zu befriedigen, von dem ich weiß, daß es die meisten Menschen, (nicht nur) weiblich und jenseits der 35, mit mir teilen: das Bedürfnis, sich über all die Abscheulichkeiten auszutauschen, die wir einander tagein, tagaus so anzutun pflegen. Gesellschaft ist das Wunder, das noch immer geschieht, obwohl wir uns auf den Straßen und Plätzen der Nation überwiegend rüde rempelnd begegnen, die Ohren walkmanhalber zugestöpselt, die Augen in unbestimmte Fernen gerichtet (Kapitel II). Daß «alles immer schlimmer wird», dafür finden sich auch in Kapitel III anschauliche Belege: dort geht es um den unaufhaltsamen Verfall der Dienstleistungsgesellschaft und darum, was sich aus dem Fehlen des Salzfäßchens auf dem Restauranttisch für die Zukunft der Gesellschaft herauslesen läßt. Daß es in aller Öffentlichkeit immer intimer zugeht, während sich die Privatsphäre unaufhaltsam in ein Pandämonium aus Fernsehen, Cocktailwürstchen und Schrecken verwandelt, analysiert Kapitel IV, und die politisch-ideologischen Schlußfolgerungen aus alledem werden im letzten, dem V. Kapitel gezogen: Was uns blüht, wenn wir nur noch Stammessitten und -gebräuchen folgen, statt uns auf die weltumspannende *lingua franca* der Höflichkeit zu besinnen.

Doch Hoffnung ist nah. Denn Traditionen werden nicht nur alltäglich verlassen, vergessen und Vergangenheit, sie werden auch in schöner Regelmäßigkeit neu ausgedacht. Der Schottenrock, die Überlegenheit der weißen Rasse und die fundamentalistische Auslegung des Korans: Das alles tritt mit der Ehrwürdigkeit uralter Überlieferung auf und ist doch (relativ) frisch erfunden. Was hindert uns, dies auch in puncto Courtoisie und Galanterie zu tun, sie als Urtugend der Deutschen wiederzuentdecken – in einem Land, in dem sich, nicht weniger paradox, am fernen Horizont heute wieder Windmühlenflügel drehen, während allabendlich Heißluftballons in den Himmel aufsteigen? Wer weiß, vielleicht reitet demnächst auch Don Quixote wieder seine Runden, und wir finden uns ein in einer überraschend hellen Welt: im Land des Lächelns.

Im Vogelsberg, November 1994

I
Lob der Lüge

«Deutschland jedenfalls hat immer
Kattun gesagt, wenn es Kattun meinte. Ein Vorteil ist das nicht.»

Helmuth Plessner

Ehrlich unmanierlich

Man könnte stundenlang erzählen. Machen Sie die Probe aufs Exempel: Bei den über 35 Jahre alten Bundesbürgern und -bürgerinnen mit Abitur und Großstadterfahrung ist es *das* Thema und hat den guten alten Schnack über das Wetter, den Hund oder den tendenziellen Fall der Profitrate längst überrundet. Die Sitten und Gebräuche, die Umgangsformen und Manieren, das heißt, natürlich: das bedauernswürdige Fehlen derselben heutzutage, hierzulande.

Der Taxifahrer, der das Trinkgeld ohne ein Wort des Dankes einstreicht, nicht ohne seinen Gast zuvor mit unerbetener Musik und unerwünschtem Zigarettenqualm eingenebelt zu haben. Der mit offenem Mund kaugummikauende Aushilfsverkäufer im Gemüsefachgeschäft, dem man alles dreimal sagen muß. Die weit ausgreifend daherschreitenden Bürohengste, rasenden Radfahrer und entschlossenen Blondinen, die einen auf der Straße aus dem Wege zu klingeln oder beiseite zu rempeln pflegen. Die muffigen Teenager am sogenannten «Empfang» im Fitnessclub, die Körperertüchtigungswillige gerne warten lassen, bis sie ihr Telefongespräch mit der Freundin in aller Ruhe beendet haben. Der Kellner, der jeglichen Blickkontakt mit seinen Gästen so lange vermeidet, bis die sich mit einem unmanierlich lauten «Hallo!» endgültig ins Unrecht gesetzt haben. Der Anzugträger im vollbesetzten Erste-Klasse-Großraumabteil des ICE, der lautstark seine eher langweilige Bürokorrespondenz ins Diktaphon bellt und sich noch nicht einmal entschuldigt, wenn er in netter Form darum gebeten wird, die Lautstärke zu mindern.

Ja, man könnte stundenlang erzählen. Von den Flugreisenden in der Business Class, die sich schwer atmend und raumgreifend neben die bereits sitzende Person werfen, ohne auch nur zu grüßen. Von den Bediensteten im Hotel «von Weltklasse», die angestrengt auf den Computermonitor starren, wenn ein Gast sich der Rezeption zu nähern anschickt. Von den Taxifahrern in Berlin-Tegel, die frisch Eingeflogene rüde anraunzen, wenn die nicht sofort wissen, welcher Kutscher in welcher Reihe gerade «dran» ist – die «freie Wahl» hat der Gast schon mal gar nicht. Gerade die Institutionen des sogenannten «gehobenen» Milieus zeichnen sich durch nichts aus, was die hohen Preise, die sie reklamieren, rechtfertigen könnte.

Doch mindestens genauso schlimm wie die ganz banale Ruppigkeit ist der «Höllentrip bei Feinkost-Zipp» – die Neue Deutsche Herzlichkeit. Die Maulfaulen und Kurzangebundenen der Nation halten uns wenigstens nicht lange auf, die Angehörigen der Herzlichkeitsspezies hingegen wünschen alle naselang «Einen schönen Tag noch!», als ob das Leben nur aus schönen Tagen bestünde und man nicht auch noch zwischendrin das eine oder andere zu tun hätte. Sie flöten im Zuge stinknormaler Dienstleistungsaffären, etwa beim Einkauf im Einzelhandel für den täglichen Bedarf, am laufenden Band «Bitte!» und «Ein ganz herzliches Dankeschön!», so daß die nüchterne Kundin sich nach der Anonymität eines Supermarkts und der sozialen Kälte eines ordentlichen Kapitalismus ohne Rüschen und Girlanden zurücksehnt. Sie pflegen süddeutsche und angeblich südwesteuropäische Manieren wie die anfalls- und überfallsartige Umarmung mit Küßchen rechts und links, obzwar man sich so gut wie gar nicht kennt. Sie zeichnen ihre Sendschreiben immer »Herzlichst!« statt mit dem handelsüblichen «Mit freundlichem Gruß», auch wenn man sie noch nie von Angesicht zu Angesicht gesehen hat.

Sie sind immer einen Tick zu überschwenglich, zu freundlich, zu intim. Wahrscheinlich haben sie frühzeitig den Lebenshilfekurs «Positiv denken» belegt und die im Prinzip ja richtige und auch hier propagierte Strategie der Freundlichkeit adaptiert, um sie zur Waffe auszubauen: soviel gute Laune macht nüchterne Zeitgenossen völlig fertig. Die Wahrheit ist, daß auch sie mit ihrer überströmenden Freundlichkeit gegen den Komment der guten Umgangsformen verstoßen: niemals den anderen zu behelligen, indem man ihm und ihr zu nahe tritt. Und solche Territoriumsverletzung begeht nicht nur der ellenbogenbewehrte Rüpel.

Wie gesagt: stundenlang könnte man erzählen. Und so säßen wir wohl, als Betroffene und Treffende zugleich, noch lange beisammen, den Kopf schüttelnd, «Dauernd wird alles immer schlimmer» murmelnd – wenn sich an dieser Stelle der Bilanz nicht unweigerlich ein urdeutscher Bedenkenträger zu Worte meldete. Unangenehm, wird er zustimmen, gewiß – aber wollen wir etwa zurück zu steifen Formen und bleiernen Ritualen (als die man sich die Aufforderung zu gepflegten Umgangsformen hierzulande offenbar nur vorstellen kann), das führt doch, wie man sieht, nur zu falschem Lächeln und aufgesetzter Herzlichkeit! Es sollte uns doch vielmehr ankommen auf echte authentische Herzensgüte, über die, nun ja, zwar nicht jeder in verschwenderischem Maße verfügt, aber…

Gewißlich ist es kein böser Wille, wird der gute Mensch anführen, wenn der nette junge Mann im Spezialgeschäft für mittelschwere Geldbeutel auf den freundlichen Gruß des Hereintretenden nicht antwortet und das Gespräch mit der Arbeitskollegin ungerührt fortsetzt, bevor er sich dem Kundenanliegen mit deutlichen Anzeichen von Lustlosigkeit widmet – allzeit bereit, den Bittsteller kommentarlos stehenzulassen, wenn das Telefon schrillt. Wahrscheinlich will er nur zeigen, daß er nicht unterwürfig ist. Und wollen wir etwa unsere Kinder zu rückgratloser Servilität erziehen? Na also.

Mit anderen Worten: Höflichkeit ist herzlos. Im Grunde unseres Herzens sind wir deshalb die nettesten Menschen der Welt. Es muß ja nicht jeder gleich erfahren: daß wir nur deshalb auf der Autobahn stets links, mit Höchstgeschwindigkeit und hell erleuchtet daherrasen, langsameren Zeitgenossen den Effenberger zeigend, weil wir auf dem Weg zu irgendeiner guten Sache sind. Auch muffige Taxifahrer haben unter Garantie viele bunte Bildchen mit Bekenntnissen wie «Ein Herz für Kinder», «Mein Freund ist Ausländer» oder «Gegen Rassismus!» auf dem Kotflügel hinten links kleben: an Menschheitsliebe lassen wir uns von niemandem übertreffen. Und im innerstädtischen Fußgängerzonenverkehr haben wir es nur deshalb so eilig, weil wir noch rechtzeitig aufs Spendenkonto einzahlen wollen: für die Ruanda- oder Aidshilfe oder Brot für die Welt,

Greenpeace und Bosnien. Und wenn wir zu Ausländern einmal unwirsch sind, dann müssen wir sie aus Versehen für Deutsche gehalten haben. Ja, dies ist das Land, in dem es mit allgemeiner Höflichkeit und ein bißchen Zuvorkommenheit nicht weit her ist, zugegeben. Dafür aber haben hierzulande ernsthafte Menschen ernstlich erwogen, «Menschlichkeit» als Wert, auf den wir uns verpflichtet fühlen, in die Verfassung aufzunehmen. Das soll uns mal einer nachmachen.

Im Ernst: Daß sich auch hierzulande unter der rauhen Schale ein guter Charakter verbergen kann, sei natürlich unbestritten. Der öden Übung, allen Deutschen einen schlechten Charakter anzudichten, hängen wir nicht an. Im Gegenteil: Unhöflichkeit ist keineswegs bloß das äußere Zeichen des häßlichen Deutschen, sondern verträgt sich prima mit den großen Gesten weltumspannender Solidarität. Man halte uns allen zugute, daß Umgangsformen und vor allem der Ruf danach in diesem Land nicht ohne Grund suspekt sind – in einem Land, in dem, um es ein für allemal festzuhalten, die Menschen wahrscheinlich keinen Deut weniger hilfsbereit, mitfühlend, solidarisch und gutwillig sind als in jedem anderen Industrieland, in dem sich die Individuen weitgehend ungebunden von Kirche, Nachbarschaft und Familie durch den Dschungel des Lebens bewegen müssen. Wenn es darauf ankommt, sind die meisten von uns zur Stelle – nicht heroischer, nicht feiger als anderenorts auch. Es scheint uns lediglich an den kleinen alltäglichen Gesten der Zuvorkommenheit zu mangeln – am Grüßen und untheatralischen «Danke!» oder «Bitte!», am souveränen Gewähren von Vortritt und Vorfahrt, am (maßvollen) Lächeln, an der Aufmerksamkeit füreinander. Daß an solchen Petitessen die Welt nicht genesen würde, ist geschenkt. Aber sie heben das Wohlbefinden ungemein – und sei es auch nur für den Moment.

Ihre weitgehende Abwesenheit in Deutschland nährt statt dessen, bei Inländern wie Hinzugereisten, den Verdacht, die rauhe Schale verhülle im Zweifelsfall eben keinen treuherzigen Kern, sondern die geballte Ladung an Abwehr, die man einander auf den Straßen alltäglich so entgegenbringt, führe ohne große Umstände zu mörderischen Eruptionen wie bei den ausländerfeindlichen Exzessen in Rostock und Solingen, in Mölln und Hoyerswerda. Ich halte das für einen Fehlschluß. Es gibt keinen Anhaltspunkt für die einigermaßen abenteuerliche These, daß die neonazistische Gewaltszene nur offen tut, was der ganz normale Durchschnittsdeutsche gerne täte. Ebensowenig stimmt, daß «die Jugend» immer gewalttätiger würde und daß die Angst vor Gewaltkriminalität zu Recht zunehme. Noch nie war deutsche Jugend zahlenmäßig so in der Minderheit und dabei mehrheitlich so handzahm wie heute, und die Angst vor Gewaltkriminalität übersteigt bei weitem das, was die Statistiken über ihr relatives Vorkommen im Lebensalltag aller Menschen preisgeben.

Die Gewaltszene im Lande steht nicht fürs Ganze. Aber vielleicht ist es der Verlust von Regeln und Konventionen, also allgemein anerkannten Übereinkünften, auch in anderen gesellschaftlichen Bereichen, der uns das Schlimmste befürchten läßt. Und kann man einem ängstlichen Beobachter verdenken, daß er die alltäglich zu beobachtende, kaum noch verdeckte Aggressivität im öffentlichen Umgang miteinander auf ihre Eruptionswahrscheinlichkeit hin hochrechnet? Da mag es manchmal wie ein Wunder scheinen, daß sich Paare und Passanten, die einander nur widerwillig begegnen, keine tieferen Wunden schlagen. Denn was uns augenfällig fehlt, sind die in anderen Kulturen lebhaft gepflogenen (und gepflegten) Gesten der Beschwichtigung im öffentlichen Raum, den wir mit mehr Menschen teilen müssen, als den meisten von uns lieb ist. In den großen Städten der Bundesrepublik Deutschland spürt man überdeutlich, was man in den Metropolen der Welt weiß, ohne einander dauernd mit der Nase drauf zu stoßen: Wir sind, als menschliches Geschlecht, viel zu viele und einander ständig im Weg.

Unter historischem Verdacht

Aber vielleicht sind wir hierzulande ja einfach nur ehrlich. Reden wir also nicht über die ganz banale Rüpelei im Hier und Jetzt, sondern über eine deutsche Tugend: die Ehrlichkeit, die uns auf die «scheinheiligen» Äußerlichkeiten des Benehmens verzichten läßt und seit einiger Zeit und offenbar unausrottbar auch mit den Vokabeln «authentisch» und «identisch» verbunden ist.

Daß Höflichkeit Lüge sei, wie schon der alte Goethe korrekt diagnostizierte, verleitet die wenigsten Deutschen zum Lob der Lüge, sondern dient dazu, den Verzicht auf die guten Formen betonhart zu untermauern. Die reine Fassade, die bloße Äußerlichkeit, der schöne Schein – noch immer gehören diese Vokabeln zum Grundgut deutscher Kulturkritik. Frei nach dem Freiherrn Knigge, der keinerlei adlige Höfischkeit vertrat, sondern in seinem Buch «Über den Umgang mit Menschen» das Gegenteil, nämlich die Verkehrsformen des treusorgenden bürgerlichen Hausvaters propagierte, bevorzugen wir das Wesen, nicht die Schale; mögen wir das geschliffene Äußere nicht, unter dem wir unweigerlich den Abgrund wittern. Und obwohl Dale Carnegies Uraltratgeber «How to win friends and influence people» mit solcher Regelmäßigkeit auch auf deutschen Bestsellerlisten auftaucht, daß der Verlag es bis heute nicht nötig hat, eine erschwingliche Taschenbuchausgabe bereitzuhalten, fehlt hierzulande die Selbstverständlichkeit, mit der man andernorts seinen Kindern gefälliges Verhalten als karrierefördernd nahelegt. Die freundliche Oberfläche gilt in unseren Breiten als suspekt, und die alten Klischees vom «verlogenen» Angelsachsen und «oberflächlichen» Franzosen wären noch immer unschwer abfragbar, würde *Political Correctness* nicht verbieten, nationale Vorurteile zu formulieren. Die Abneigung gegen die «Äußerlichkeit» verbindet sich dabei mit einem deutschen Syndrom: das Außengeleitete, aufs Wohlwollen der Mitmenschen gerichtete, anpassungsbereite, regelorientierte Verhalten ist als Ausdruck eines autoritären Charakters, als Eigenschaft des deutschen Untertanen verdächtig. Und das hat, natürlich, Geschichte.

Eine blutige Geschichte, in der man in ihren minder brutalen Abschnitten Menschen zum Duell forderte, wenn man sich von ihnen angestarrt, «fixiert», oder des Vortritts beraubt, «geschnitten» fühlte. Daß das Benehmen, das wir heutzutage einander gegenüber an den Tag legen, früher wahrscheinlich zu wilden Straßenschlachten geführt hätte, beflügelt nicht gerade die Sehnsucht nach alten Zeiten. Ebensowenig, daß man hierzulande mit Adorno weiß, daß die sogenannten Sekundärtugenden, zu denen neben Pflicht- und Ordnungsgefühl auch die gesittete Haltung gehört, nicht nur äußerste Brutalität nicht ausschließen, sondern sich sogar als geeignete Ausstattung für das Führen eines KZ erweisen können.

Die Klage über den Verfall der Sitten ist jahrtausendealt und kulturübergreifend. Zur deutschen Eigenheit indes gehört, daß es hierzulande überdies auch noch gute Argumente gegen die «guten Formen» gibt. Etikette, Manieren, Höflichkeit, Umgangsformen, Benimm und wie man das alles nennen mag stehen in diesem Lande stärker als woanders unter historischem Verdacht. Das beginnt, wie anderswo auch, mit dem Verdikt der bürgerlichen Revolution, Manieren seien die gekünstelte Inszenierung der Hofschranzen, das leere, artifizielle Ritual, in dem es das *Ancien régime* zu einiger Perfektion gebracht hatte (weshalb sich der deutsche Affekt gegen das «Manierierte» vorzüglich mit einer Kritik an der «Oberflächlichkeit» des französischen Erbfeindes verbinden konnte). Schrecklicher aber noch erscheint uns im nachhinein womöglich die bürgerliche Attitüde nach der Reichsgründung 1870/1871, sich dem adligen Komment anzuverwandeln – mit jener charme- und sinnlosen Übertreibung, wie sie Heinrich Manns «Untertan» vorführt.

Oder man denke an den schnarrenden Befehlston und die zusammengeschlagenen Hacken, die einst zum Komment der männlichen Jugend gehörten – wobei nichts mehr an jene Burschenherrlichkeit erinnerte, die einmal Hambacher Feste ausgerichtet hatte. Das galt nach 1933 dem Führer. Und nichts, aber auch gar nichts war schließlich attraktiv an der ängstlichen Rigidität, mit der manch deutsche Familie nach 1945 die Regeln einhielt und «die Form wahrte», aus Furcht vielleicht, wieder einmal würden sich die freigesetzten Gefühle auf den und das Falsche richten.

In diese Welt des gepanzerten Bürgers, der mühsam Haltung bewahrte, platzte das, was heute nicht ganz korrekt «68» genannt wird. Die große Geste, mit der Hergebrachtes, Konventionelles, Formelles über den Haufen geworfen wurde, mit der sich die jüngere Generation vom Plunder steifer Rituale befreite und die Spontaneität der eigenen Gefühle feierte, bescherte uns, gottlob, den überfälligen Abschied von jenen haarscharf gescheitelten Herren, die Türen derart zackig aufzureißen pflegten, daß die Damen auf ihren Stöckelschuhen, im Etuikleid und mit hochtoupierten Haaren schon von der Zugluft ins Schwanken gerieten. Nie wieder! Der kulturrevolutionäre Elan fegte das Gehäuse von Nachkriegsdeutschland (West) frei vom spießbürgerlichen Nippes und tat den Knick im Sofakissen verdientermaßen in Acht und Bann – auch im übertragenen Sinn gesprochen.

Jetzt wäre das Terrain frei gewesen für die Neuerfindung von Umgangsformen, die freien Individuen gemäß sind. Statt dessen kultivierten die Blumenkinder rousseausche Träume von den Befreiungsqualitäten des Unreglementierten, was uns das Überdauern des kulturrevolutionären Gestus von Umsturz und Tabubruch bescherte, bis er zum unverzichtbaren Requisit noch der ätzendsten Fernsehtalkshow herabgesunken ist. Nichts ist stumpfsinniger, kalkulierbarer und vorhersehbarer als das Prinzip des Tabubruchs. Und nichts ist absurder als eine Regelverletzung, wenn es keine Regeln mehr gibt. Dem heilsamen Durchlüften der von Verboten umzingelten Nachkriegsgesellschaft folgte eine kunstlose Unmanierlichkeit, die manch einer noch immer für einen freiheitsverbürgenden Wert an sich hält.

Weshalb manche Fernsehtalkshow, jene Inszenierung des bürgerlichen Wohnzimmers von heute, wie aus dem Reich der Untoten wirkt: noch die ärgste Rüpelhaftigkeit feiert sich da als mutige Aufklärung und gesellschaftspolitisch bedeutsamen Tabubruch. Alte Schlachten um die Befreiung vom Zwangskorsett von Sitten und Gebräuchen werden dort gerne in Wiederholung zelebriert, was nahelegt, den Diskurs des Regelverstoßes als Zeichen für die nicht enden wollende Jugendlichkeit seiner Protagonisten zu lesen: noch immer, selbst längst schon im erziehungsberechtigten Alter, wehren sie sich (höchst unfrei) gegen Vatis Argumente.

Dabei plädiert ja niemand von Verstand für eine Rückkehr zu alten Krücken und Werten, höchstens noch für eine Ästhetik des sozialen Abstands, der den heute so freien Individuen auch noch die Luft zum Atmen läßt, die sie brauchen. Weswegen es, um den Einwand vorwegzunehmen, auch hier nicht um die Wiederkehr des Steifleinernen geht – wohl aber um die soziale Phantasie, die es braucht, den Krampf des affirmativen Protestes aufzugeben zugunsten der Erfindung von Regeln eines neuen gesellschaftlichen Spiels.

Vom Zähmen der Bestie

Was gute Manieren sind, entscheiden die Zeitläufte, und ihre Beliebtheit erleidet wechselnde Konjunkturen. Erstens. Zweitens: Auch der Regelverstoß operiert auf der Basis gesellschaftlicher Übereinkünfte, sonst würde er seine Funktion verlieren. Daß sich die Verfechter der Befreiung vom Räderwerk des guten Benehmens so anhaltend darüber täuschen, daß Regelverstoß und Tabubruch nicht im mindesten das Reich anarchischer Regelfreiheit verbürgen, sondern, im Gegenteil, schon längst zu neuen Konventionen, zu einem neuen Verhaltenskodex geronnen sind, mag am Menschenbild liegen, auf das die Vorstellung vom Segen der Regellosigkeit abhebt: Der Mensch ist gut, es ist die Gesellschaft, die ihn verbiegt.

Der Glaube, unter dem Drillich gesellschaftlicher Gepflogenheiten verberge sich das Naturkind, das nur zum Guten fähig sei, impliziert ein Menschenbild, auf das seit der Aufklärung periodisch alle Hoffnung gesetzt wird. Diesem Menschenbild zufolge sind die gesellschaftlichen Regeln der Urgrund der Verderbnis. Die Selbstdisziplinierung, die Unterwerfung des Körpers und seiner Triebe, seine Bändigung durch das Stützkorsett der Zivilisation sind demnach keine immense Kulturleistung, der sich die Menschen der Neuzeit in unseren Breiten mit gewissem Erfolg seit der Renaissance unterzogen haben, sondern Sklaverei. Der ideale Mensch, identisch mit sich und einig mit den anderen, braucht keine Regeln.

Die Regelfanatiker sehen die Sache entgegengesetzt, aber ähnlich extrem: Ihrer Vorstellung zufolge ist die Natur des Menschen die Bestie, die mit harter Hand zu zähmen ist – in einem nun schon Jahrtausende währenden Prozeß, von dessen gutem Ende man nicht ausgehen könne. Ihnen sind Umgangsformen der notwendige Berstschutz, der den Untergang der Menschheit in Blut und Chaos verhindern soll. Notfalls sind auch die allerautoritärsten Methoden erlaubt: Der Mensch ist des Menschen Wolf. Er ist nicht durch Befreiung, sondern nur durch schärfste Disziplinierung zu befrieden.

Das Bild vom guten, ungeformten Naturkind wie das vom reißenden Wolf blenden viele andere menschliche Seiten aus. Daß der Mensch, befreit von Regeln, zum Guten und Edlen finde, rechnet nicht mit seiner Faulheit: denn kaum etwas ist anstrengender, als den Idealen der mit sich und der Welt identischen Persönlichkeit hinterher- oder vorauszuleben – und nur wenig dürfte langweiliger sein. Die Regeln, die eine Gesellschaft sich gibt, können hingegen durchaus der Entlastung des einzelnen dienen – man muß sie weder ausdiskutieren noch lange über sie nachdenken. Das kann Erleichterung schaffen in einer Welt, in der mehr denn jemals zuvor vom einzelnen allein entschieden werden muß: ohne Gott, Vaterland oder wenigstens eine klitzekleine Konvention.

Dem düsteren Menschenbild ist entgegenzuhalten, daß der Mensch nicht nur ein böses, sondern vor allem ein geselliges Tier ist. Regeln und Umgangsweisen, Formen des Zusammenlebens sind Spielregeln ja auch im freudvollen Sinn des Wortes. Ohne Regeln kein Spiel – und ohne Spielregeln kein Spiel der Regelübertretung. Konventionen sind nicht nur der rigide Berstschutz für die Bestie Mensch, sondern auch das, worauf sich die Menschen verständigen, um Vergnügen an menschlicher Gesellschaft zu haben.

Das Menschenbild, das mit dem Schlimmsten rechnet, scheint jedoch, betrachtet man das soeben zu Ende gehende Jahrhundert, das Barbarei im ungeheuerlichsten Ausmaß auszeichnet, in wesentlicher Hinsicht richtig zu sein: Eine Gesellschaft ohne Gebote wie «Du sollst nicht töten», ohne Übereinkünfte über Grenzen und Einschränkungen der Entfaltungswünsche der einzelnen, ist nicht denkbar.

Ein, sagen wir mal: reformistisches und auch bescheideneres Menschenbild rechnet mit der Fehlbarkeit, Unachtsamkeit, Vergeßlichkeit des anderen, der vielleicht sogar dann, wenn er die elementarsten Anstandsregeln verletzt, dies nicht aus authentischem Empfinden heraus tut, sondern weil er mit seinen Gedanken gerade ganz woanders war. Um so hilfreicher wären da die Konstrukte der Umgangsregeln, auf die man zurückgreifen kann, ohne den Denkapparat groß bemühen zu müssen. Und: Auf den neuen, befreiten und idealen Menschen müßten wir ohnehin viel zu lange warten.

Nach eigener Fasson

Menschen leben ungern ohne Orientierung. Liegt es daran, daß sie seit einiger Zeit wieder so gefragt sind – die Ratgeber und Benimmbücher, die Ratschläge des «Arbeitskreises Umgangsformen International», die Empfehlungen des «Allgemeinen Deutschen Tanzlehrerverbandes», die Tips und Tricks für die Karrierefrau oder den Managementanwärter, ja sogar die Altseller des seligen Dale Carnegie im Verein mit Benimm- und Flirtschulen aller Art? Entlädt sich hier der autoritäre Charakter mit Verlangen nach Führung, der Aufstiegswunsch des rezessionsbedrohten Kleinbürgers, das Streben nach sozialer Distinktion in der nivellierten Mittelschichtsgesellschaft, wie der Kulturkritiker vom Dienst vielleicht befürchtet?

Oder, wie es mir persönlich am angenehmsten wäre, hegen Menschen die Hoffnung, dort etwas zu erfahren über ein gesellschaftliches Vokabular, das alle noch verstehen?

Wo und wie lernen Menschen den Umgang miteinander? Das Vorbild in der Familie, höre ich sagen, sei doch das allerwichtigste, und wenn das fehle... Wegen der Selbstverwirklichungssucht der Frauen... Und der Pflichtvergessenheit der Männer... Ach ja. Mag sein, daß frühe, daß entscheidende Instanzen, die informieren könnten, wie ein halbwegs friedvolles Zusammenleben aussieht, die Familie eben, heute zu den gefährdeten Arten gehören. Aber die Schuldzuweisung an die Frauen möge man sich sparen – ebenso die neuerdings wieder gern geübte Sehnsucht nach dem autoritären Vater, jenem weitgehend fremden, aber häufig strafenden Wesen, dessen schreckerregendes Bild in meiner Kindheit Sätze wie «Warte nur, bis Vati nach Hause kommt!» hervorriefen. Natürlich sind erwachsene Vorbilder für Kinder wünschenswert und schön. Aber da unser Familienideal noch heute stark dem bürgerlichen Familienmodell des 19. Jahrhunderts ähnelt – eine eher zweifelhafte Idylle, die zwar stilbildend war, aber weder zuvor noch hernach umfassend vorherrschte, ohne daß sich deshalb die Menschen mehrheitlich zu Barbaren und Monstern entwickelt hätten –, darf man davon ausgehen, daß sich gesellschaftliche Konventionen auch außerhalb der Familie geltend machen.

Vor allem aber erinnert das Wort von der «guten Kinderstube» an just das, was manche noch heute zum sofortigen Regelbruch treibt: an die Vorstellung, was der Mensch sei, verdanke er seiner Herkunft, nicht aber der eigenen Leistung, der Selbstschöpfung – eine Vorstellung, die in unserer demokratischen und von Autonomievorstellungen geleiteten Zeit gottlob politisch äußerst unkorrekt ist.

Wir glauben vielmehr heute daran, daß jeder nach seiner eigenen Fasson selig werden kann, ganz unabhängig von seiner Herkunft – was auch nicht ganz stimmt. Dennoch ist die «vertikale Mobilität», die Möglichkeit also des «sozialen Aufstiegs», selten so groß gewesen wie heute – ganz abgesehen davon, daß in Zeiten der «Erlebnisgesellschaft» die Selbstverwirklichungsqualität eines Arbeitsplatzes vielen wichtiger ist als das soziale Prestige, das sich mit ihm verbindet.

Just dieser neuen Qualität des Berufslebens wegen sind die starren Verhaltensprinzipien, die noch die 50er Jahre bestimmten, denn auch ganz und gar dysfunktional geworden. Mit Sätzen wie «Das war immer schon so» oder «Das haben wir immer so gemacht» signalisiert man heute keinerlei Ehrerbietung würdigen Betriebstraditionen gegenüber mehr, sondern die baldige Pleite des Unternehmens. Vom einzelnen ist Flexibilität gewünscht – eine Vielzahl von Aufgaben muß freihändig und ohne die Hilfe starrer Regeln, Arbeitszeiten und Gewohnheiten bewältigt werden. Gradlinige Arbeitskarrieren – von der Wiege bis zur Bahre – sind heute weder wahrscheinlich noch auch nur wünschenswert. Wer sich auf allzu viele Sicherheiten und Erwartungen verläßt, verpaßt den Trend der Zeit. Regeln werden der Situation entsprechend erfunden und wieder verworfen: eine Erfordernis, die die Phantasie der Arbeitnehmer herausfordert und mittlerweile eine nachgerade ungeheuerliche «Problemlösungskapazität» erzeugt hat – ungeheuerlich jedenfalls angesichts unserer Vorfahren, die ohne die Sicherheit der Nachahmung (im Handwerk), des Glaubens (in der Religion), der Wiederkehr des Immergleichen wahrscheinlich wahnsinnig geworden wären.

Das Problem ist nur, daß sich situative Regelsysteme nicht verallgemeinern lassen. Was am Arbeitsplatz oder in der einzelnen Situation flexibel, anpassungsfähig, geschmeidig macht, kann, auf größere Zusammenhänge übertragen, soziale Sprachlosigkeit bedeuten. Denn wer die Annahmen, auf deren Basis er agiert oder interagiert, jeweils auch noch mitteilen muß, wird die Zahl solch anstrengender Kommunikationen beschränken wollen – die meisten scheitern schon im Ansatz.

«Herkunft» oder Berufsbezeichnung wurden zu früheren Zeiten in Kleidung, Gebaren und Sprache in der Öffentlichkeit deutlich herausgestrichen – denn das alles gab den anderen Anhaltspunkte. Heute können sich davon keinerlei Gewißheiten mehr ableiten – die

Freiheit vom Käfig der Kinderstube und des «Standes» hat einen Preis, über dessen Kompensation noch zu reden sein wird: Beziehungslosigkeit.

Bibeln des Anstands

Der Griff zum Ratgeber – eine Sachbuchsparte, die Jahr um Jahr Zuwächse verzeichnet – ist die demokratische Alternative zu einer Kultur, in der einstmals tatsächlich alles, was auf eine wenig angesehene «Kinderstube» schließen ließ, den sozialen Tod verbürgen konnte. Heute kann man *lernen*, was zum guten Ton gehört – bzw. zu den Rudimenten desselben. Daß in diesem Land, ähnlich wie womöglich nur noch in den USA, vor allem Frauen massenhaft zu Ratgebern greifen, die gute Beziehung, die richtige Dosierung von Liebe, die angemessene Karrierekleidung und andere Lebensnotwendigkeiten betreffend, kann nur lächerlich finden, wer noch nicht gemerkt hat, daß die meisten Dinge im Leben kein Resultat gottgewollter Merkmale wie Geschlecht oder Talent sind, sondern Ergebnis harter Arbeit am eigenen, armen Selbst.

Nichts also gegen Ratgeber und Benimmbücher, die heute meist in freundlichem und (manchmal entschieden zu) nachsichtigem Ton selten ein «Du sollst!» und höchstens noch ein «Es wäre wünschenswert» ergehen lassen. Von den modernen Benimmbüchern verdient zumal eines immer wieder Erwähnung: Das «1 x 1 des guten Tons» von Sybil Gräfin Schönfeldt. In diesem souveränen Handbuch für die kultivierte Jugend geht es längst nicht mehr nur allein um die Tischordnung, wie man einen Heiratsantrag macht und warum es unschön ist, sich in Gesellschaft anderer über die Funktion der eigenen Verdauungsorgane auszusprechen. Wer jene Zeiten wiederbeleben wollte, in denen von Bedeutung war, zu jeder Tageszeit korrekt angezogen zu sein, und in denen man eine präzise Vorstellung von der Rangfolge der Männchen und Weibchen haben mußte, um den richtigen den Vortritt zu lassen, fände hier keine Unterstützung. Das «1 x 1 des guten Tons» ist vielmehr ein ungemein aufgeklärtes Werk, das neben Tips fürs Notwendige mit einer angenehmen Lebensphilosophie aufwartet: daß gutes Benehmen nicht nur keineswegs undemokratisch, sondern, im Gegenteil, den demokratischen Gepflogenheiten nachgerade kongenial sei.

Woher kommt die Vorstellung, «Benimm» sei undemokratisch? Jenseits höfischer Rituale und spießbürgerlicher Etikette sind Manieren ja tatsächlich nichts anderes als gesellschaftliche Übereinkünfte – ebenso, wie Demokratie nicht nur ein politisches, sondern auch ein gesellschaftliches Konzept ist: als «Prinzip der Verhaltensformen», deren Grundannahmen die von den gleichen Rechten aller und ihrer Unverletzbarkeit sind. Wie sich Respekt voreinander ausdrückt – das beschreiben die allgemeinen Regeln der Höflichkeit.

Die große Leistung im Deutschland der Nachkriegszeit, die Integration der Millionen von Vertriebenen, führt Schönfeldt folgerichtig auf Integrationswilligkeit und Integrationsangebote zugleich zurück – auf den millionenfach geglückten Versuch, über das Erlernen der allgemeinen Höflichkeitsregeln der Gesellschaft beizutreten: «Benehmen also als Verbindendes. Als Sprache ohne Worte.» Wenn, wie es aussieht, der heute etwas größeren Bundesrepublik Deutschland Integrationsprobleme in vergleichbar großer, aber andersgearteter Fülle bevorstehen, könnte diese Lehre wieder an Bedeutung gewinnen.

Womit sich die Frage stellt und in Teilen beantwortet, wann und warum Menschen mit den Regeln des Umgangs befaßt waren: wenn sie sich über die Grundlagen ihres Zusammenlebens klarwerden wollten. Bibeln des Anstands hat es gegeben seit der Erfindung des Buchdrucks. Die Geschichte der Regeln des gepflegten Umgangs, die Benimmbücher der letzten Jahrhunderte verkünden dabei verschiedene Botschaften. Die eine Gattung vereinigt Bußpredigten über den allgemeinen Verfall der Sitten, eine Klage, die Tausende von Jahren alt und kulturübergreifend ist. Offenkundig sind die Sitten immer schon im Verfall begriffen gewesen, was ein Indikator dafür ist, wie wandlungsfähig sie letztendlich sind – denn was dem einen allgemeine Sittenlosigkeit, ist dem anderen die Neuschöpfung sozialer Konventionen. «Alte Zöpfe abschneiden» ist ein schöner Zug aller Kulturen gewesen, die über Zöpfe zum Abschneiden, sprich: Konventionen und Regeln in Fülle verfügten.

Andere unterscheiden sich voneinander durch ihre Adressaten. Der eine Katalog der guten Sitten sollte dazu dienen, die Willkür des Fürsten zu zügeln, um die Landeskinder vor ihm und seinen Mutwilligkeiten zu schützen (Henri Duc de Rohan, 1638). Der andere diente dem Auftreten bei Hofe, diesem seltsamen Tableau, zu dem sich die Körper der Höflinge arrangierten. Nach Erasmus von Rotterdam, dem «Hofmann» des Baldassare Castiglione (1528), dem «Galateo» von Giovanni de la Casa (1558), dem «Handorakel» des Baltasar Gracian (Mitte des 17. Jahrhunderts), ist man mit dem «Knigge» des Freiherrn gleichen Namens (1788) schließlich beim bürgerlichen Reformator der höfischen Etikette angelangt, der wie kein anderer das deutsche Sentiment repräsentiert, Herzensgüte sei wichtiger als gutes Benehmen.

Die «Conversatione» des Italieners Stefano Guazzo widmete sich im 16. Jahrhundert einem als eher lästig empfundenen Merkmal der Stadt: daß man, wenn man, wie ungern auch immer, das Haus verläßt, auf mehr und mehr Menschen trifft, mit denen man keinen vertrauten Umgang hat, und daß es sich gegen diese Eventualität abzusichern gelte. Benehmen diente nicht nur der sozialen Distinktion – insbesondere auch der Unterscheidung zwischen Stadt und Land –, sondern auch einer Situation, in der man mit Fremden möglichst konfliktarm verkehren wollte, was keine leichte Übung war in einer Zeit, in der schon ein kleineres Mißverständnis die Existenz kosten konnte. Die Riten des Umgangs sollten die Angst bannen, die man vor den Fremden hatte, und manche heute fast schon anachronistisch wirkende Geste erinnert daran. Man offeriert die Hand oder die Hände, um zu zeigen, daß man in ihr keine Waffe versteckt hält; man umarmt einander, so daß der andere spürt, daß auch im Gewande der Dolch nicht steckt; man blickt – zumindest im westlichen Kulturkreis – dem anderen in die Augen, um etwas über seine Absichten zu erfahren.

Solche Gebote scheinen noch heute nachzuwirken, weshalb Fans der verspiegelten Sonnenbrillen Ausgrenzung erfahren, sofern sie nicht das just angestrebt haben: Sie verletzen das Gebot, «offen» zu sein und Blickkontakt aufzunehmen. Daß in den Großstädten Deutschlands ohne Ansehen des anderen Kurs auf ihn genommen wird, als ob man jemandem, den man nicht zur Kenntnis nimmt, auch nicht ausweichen müsse, gehört zum Bild eines aggressiven deutschen Straßenlebens und verletzt solche altertümlichen Konventionen. Die sind auf dem Land eher noch verbreitet, wo insbesondere die Älteren höchst negativ verbuchen, daß Städter ohne Gruß vorbeigehen. Grüßen dient auf dem Dorf der sozialen Kontrolle, denn Fremde sind hier noch heute das Ungewöhnliche, während es in den Städten normal ist, daß man einander nicht kennt. Das alles sind keine Gesten der Herzlichkeit – die Umarmung, um nach dem Dolch zu fahnden, ist das Gegenteil der Bussi-Bussi-Herzlichkeit moderner Nachahmer. Es sind Gesten des Mißtrauens und Gesten der Beschwichtigung zugleich, und es geht um nichts weniger als um die Orientierung im öffentlichen Raum.

Kritik des sozialen Radikalismus

Gerade wenn es darum geht, das Fremde und den Fremden auszuhalten statt einzugemeinden, wenn es auf den Umgang mit jenen ankommt, die fremd bleiben dürfen, die nicht «ähnlich» sind und auch nicht werden wollen, sind offenbar immer wieder, in allen Kulturen und zu allen Zeiten, Regeln und Rituale der Distanz in der Begegnung unverzichtbar gewesen. Auf das Totalitäre, das im Verzicht auf Regeln der Höflichkeit und der Distanz liegt, hat der deutsche Philosoph Helmuth Plessner in einer bemerkenswerten Schrift schon 1924 hingewiesen – ein Werk, das kein Benimmbuch im strengen Sinne ist und das doch auf überraschend präzise Weise darüber Auskunft gibt, was Umgangsformen so unverzichtbar macht.

Plessners «Grenzen der Gemeinschaft. Eine Kritik des sozialen Radikalismus» ist ein leidenschaftliches Bekenntnis zum gepflegten, höflich-distanzierten Umgang, eine Warnung zugleich vor dem gemeinschaftstümelnden Hang zur unvermittelten Menschenliebe. In einer Welt der kalten Abstraktion, postuliert Plessner, neige man zum Gegenentwurf glühender Gemeinschaftlichkeit, zur Aufgabe aller Unterschiede und jeglicher Regeln von Distanz; etwas, was indes schließlich den Menschen selbst bedrohe – denn es gibt keine Gemeinschaft, die ohne Regeln des Ausschlusses auskommt. Der Gegensatz zur engen Gemeinschaft sei die Öffentlichkeit – das, wie Plessner schreibt, «offene System des Verkehrs zwischen unverbundenen Menschen». Ein Raum, in dem, wenn alles gutgeht, das Ethos der Grazie herrscht: «Das gesellschaftliche Benehmen, die Beherrschung nicht nur der geschriebenen und gesatzten Konvention, die virtuose Handhabung der Spielformen, mit denen sich die Menschen nahe kommen, ohne sich zu treffen, mit denen sie sich voneinander entfernen, ohne sich durch Gleichgültigkeit zu verletzen.»

Helmuth Plessners Buch wirkt heute vielleicht deshalb so aktuell, weil es auf einem verbreiteten Gefühl der Desillusionierung beruht, das heutige Zeitgenossen seit 1989 womöglich teilen: nicht nur ist der vorgeblich «natürliche Zustand» der Einheit eine gefährliche Illusion – die Einheit der Volksgemeinschaft, der Homogenität, in der die Volksgenossen keinerlei Regeln bedürfen –, es sind auch mancherlei Gewißheiten dahin, diesen «natürlichen Zustand» jemals erreichen zu können. Seit dem Niedergang des Sozialismus erweist sich das Warten auf die kommunistische Menschengemeinschaft und den «neuen Menschen» als endlich vergebens – wir müssen uns mit dem real existierenden abfinden. Und dieser ist, gottlob, weder «identisch» mit sich noch mit den anderen – er bedarf der Vermittlung. Nichts anderes ist Höflichkeit.

Besonders aktuell und besonders unzeitgemäß zugleich ist Plessners Flehen um Bedeckung und Bedecktheit, um einen Schutz, eine Maske, einen Panzer der Seele. Haben wir nicht die «Charaktermaske» oder, mit Klaus Theweleit, den «Körperpanzer» als Uniform des faschistoiden Mannes zu erkennen und fürchten gelernt? Offenheit sei also die Losung. Schließlich ist heute jede bessere

Talkshow darauf aus, daß die Gäste sich entblößen bzw. entblößt werden, wird unter der Rubrik «Ein Tabu wird gebrochen» alles ans Tageslicht gezerrt, was die Intimsphäre hergibt. Daß es wieder Tabus geben solle, ja eine «Scham», die Menschen daran hindert, sich öffentlich zu entblößen, paßt uns nicht im geringsten in den ganzen postkonventionellen Kram. Privatheit ist im Sinne von «Privatisierung» schließlich gründlich in Verruf geraten – und das, obwohl man im Laufe der Studentenbewegung 68 ff, die uns das angeblich ja alles eingebrockt hat, schon früh erkannt hat, daß das Aushängen der Klotüren in den WGs nicht der Befreiung diente, sondern dem Gruppenterror. Während es früher hieß: «Darüber spricht man nicht», ist der anhaltende Redezwang zum guten Ton der 90er Jahre geworden.

Weshalb wenig dagegen einzuwenden ist, solcherlei eingeschliffene und, um es mit den Befreiungsaposteln zu sagen, «verkrustete» Umgangsformen erneut «aufzubrechen» und durch andere zu ersetzen: denn es ist nicht zu übersehen, daß die Entblößungs- und Enthüllungskultur der Medien mittlerweile an ihr natürliches Ende gelangt ist, weil es nach dem öffentlichen, vor Publikum absolvierten Ritual des Verzeihens, dem Reality-TV mit abgefilmtem Selbstmord oder dem zigsten Geständnis eines Kinderschänders rein kein Tabu mehr zu brechen gibt. Hoffnung ist also nah.

Schuld und Scham

Wenn es die «Gemeinschaft» nicht gibt, jene Veranstaltung fragloser Übereinstimmung zwischen Gleichartigen und Gleichgesinnten, muß die Angst gebannt werden, die Menschen offenbar voreinander haben. Ist eine Kultur denkbar, die ohne die alten Gesten vertrauensbildender Maßnahmen auskommt? Anders gefragt: Meinen wir wirklich auf diese Gesten heute ungestraft verzichten zu können, bloß weil wir einen wohlorganisierten Polizeiapparat haben und die wenigsten Menschen Waffen tragen? Oder, ganz anders, geht es in der nordamerikanischen Öffentlichkeit oft deshalb entschieden freundlicher zu, *weil* man dort glaubt damit rechnen zu müssen, daß der andere die Knarre zieht, und man kein Mißverständnis provozieren möchte?

Wer weiß, aber mir scheint manchmal, als ob die in Deutschland augenfällige «Angstlücke», die als *«German Angst»* schon in den englischen Sprachschatz eingegangen ist, hier eine Wurzel hat. Daß Angst und Verunsicherung zunehmen, obzwar die Kriminalitätsstatistiken nicht im geringsten belegen, daß Gewaltverbrechen zunehmend zum alltäglichen Erfahrungsbestandteil aller Bürger geworden wären – eher ist das Gegenteil richtig –, liegt womöglich lediglich am «Klima», das all das «plausibel» erscheinen läßt, an der Fülle zur Schau gestellter Grenzverletzungen. Wir versagen einander Gesten der Versicherung, der Beschwichtigung, der Beruhigung, die zu anderen Zeiten und in anderen Kulturen lebensnotwendig waren. Dabei ist es noch keineswegs wieder Sitte geworden, einander beim geringsten Mißverständnis den Schädel einzuschlagen. Die wenigen solcher Fälle des Verlustes von Selbstbeherrschung pflegen die Öffentlichkeit indes besonders zu schokkieren – sie werden zum Indikator für einen Verlust an Zivilisiertheit, den die einen mit mehr Polizei und die anderen mit größeren Trupps von Sozialarbeitern bekämpfen wollen.

Die Angst, Kinder und Heranwachsende könnten die vom Fernsehen gewohnte Gewaltfülle mit der Wirklichkeit verwechseln, mag mit der Angst zusammenhängen, daß diese Gesellschaft ein Gefühl für das verloren haben könnte, «was sich gehört» – daß fraglich scheint, ob wir uns noch einig sind über die Art und Weise des Zusammenlebens. Realistisch an dieser Angst ist sicher, daß ein solcher Konsens sich aus den legitimen Selbstverwirklichungsansprüchen des Individuums nicht ohne weiteres ergibt – wahrscheinlich: gar nicht. Woher aber dann? Hilft es, «Werte» wie «Menschlichkeit» oder «Gemeinsinn» im Grundgesetz zu verankern? Wohl kaum – insbesondere ist «Menschlichkeit» eine Kategorie, die rein gar nichts aussagt. Denn «menschlich» ist auch die allergrößte Brutalität, Menschen erweisen sich schließlich als dazu fähig. Nur wir Deutschen kennen übrigens den Terminus «Verbre-

chen gegen die Menschlichkeit». In anderen Sprachen heißt es
«Verbrechen gegen die Menschheit» – denn im Falle des Falles ist ja
nicht der Wert, sondern der Mensch verletzt.

Daß Moralgebote der befürchteten Gefahr wehren könnten, ist
deshalb bestreitbar. Aber wie deutsch das ist! Wo andere sich mit
Konventionen zufriedengeben, die definieren, was man tut und
was man läßt; wo man den Gemeinsinn nicht dem Bürger allein
überläßt, einem stets etwas unzuverlässigen Wesen, sondern im
politischen Prozeß ermitteln will, setzen wir auf die inneren Tugenden des einzelnen. Der sorgenvolle Disput über den Charakter
der Deutschen leidet notorisch an jener protestantischen Innerlichkeit, die nur wirkliche und echte Einkehr, Reue und Buße hono-
riert. Sie entspringt einer «Schuldkultur», die dem einzelnen
beständige Charakterläuterung abverlangt. Nur wer wirklich gut
ist, besteht – nicht, wer nur so tut als ob. Andere Kulturen sind da
nicht ganz so gnadenlos und ächten nicht den bösen Gedanken,
wohl aber die böse Tat, die bei uns schon fast wieder entschuldigt
ist, wenn sie nur dem reinen Gemüt entspringt.

Die «Schamkulturen» der Vergangenheit oder auch anderer
Völker, wie etwa der Japaner, machten indes die Wirkung auf die
Öffentlichkeit, das Empfinden und die Kritik der anderen zum
Maßstab.

Als bloße Anpassung an die Meinung der Außenwelt ist die For-
mel «Das gehört sich nicht» dementsprechend in Verruf geraten – und bloßer Opportunismus verbürgt, das ist ja richtig, nicht
notgedrungen Tugendhaftigkeit. Ein Denker wie Kant hat das
Trügerische und Betrügerische der guten Manieren durchaus erkannt, indes eine nicht völlig unberechtigte Hoffnung daran
geknüpft: die stete Übung dessen, was man ohne innere Überzeu-
gung tut, nur weil es opportun ist, könne zur Gewohnheit werden
lassen, was sich dann doch als Tugend erweise – «indem sie die
Tugend wenigstens *beliebt*» mache. Das gleiche gilt für die Höflichkeit. Wenn Nachahmung zum Habitus geworden ist, sollten wir
nicht mehr nach dem einwandfreien Ursprung solcher löblichen
Haltungen fragen.

Gegen den hochmoralischen Affekt, der Äußerlichkeit der guten Manieren gegenüber, sei überdies ins Feld geführt, daß keineswegs hinter jedem manierlichen jungen Mann ein Kinderschänder oder Flugzeugentführer steckt oder eigentlich nur dem Rüpel zu trauen wäre.

Die meisten Menschen wären ohnehin überfordert, verlangte man ihnen ständig positive Gefühle ab anstelle jenes zivilisatorischen Minimums, das den nötigen menschlichen Umgang nicht nur reibungslos, sondern womöglich sogar mit spielerischer Leichtigkeit gestaltet. Warum wir uns Liebe zu allen anderen abfordern, ist um so unverständlicher, als die scheußlichsten Brutalitäten sich gern ins Gewand der Liebe kleiden – vom Psychoterror in der Familie über die körperliche Züchtigung «nur zu deinem Besten» bis zu Erich Mielkes diktatorischem «Aber ich liebe euch doch alle». Das Argument mit der «Liebe» macht ihr Opfer besonders wehrlos – während es sich, wo die Regeln des Umgangs unter Fremden hochgehalten werden, wenigstens auf ihre Verletzung berufen kann.

Menschenliebe, umfassender Art, ist eine Forderung und eine Verkehrsform der Gemeinschaft, um mit Plessner zu argumentieren. Gesellschaft, der Umgang von einander Fremden, braucht etwas anderes – eine *lingua franca*, die ausgerechnet im Deutschland von heute schmerzlich fehlt, das stärker denn je Abschied nehmen muß von schon in der Vergangenheit trügerischen Vorstellungen von Homogenität. Wer sich als einer, der von außen kommt, in den Verkehrsfluß der Kommunikation einfädeln will, erhält wenig an die Hand, das ihm die Integration oder auch nur den bloßen Umgang erleichtern könnte.

«Gute» Umgangsformen heute wären also, sage ich mal, eine allen und allgemein verständliche Sprache der Beschwichtigung und Beruhigung im öffentlichen Raum. Diese Sprache ist, sie muß kulturenübergreifend sein – nicht nur, weil Deutschland längst kein homogenes «deutsches Volk» mehr aufweist. Sie müßte auch dann, wenn dieses Land nicht längst ein Vielkulturenstaat wäre, zwischen den einheimischen, den deutschen Stämmen vermitteln.

Denn selbst die haben Verständigungsschwierigkeiten miteinander – die angstbesetzte Unsicherheit, die man einander entgegenbringt, mag dafür Indiz sein.

Stammeskulturen

Manchmal will man noch heute mit Knigge seufzen, daß kein Land in Europa so schwer durchschaubar sei wie das deutsche, weil nicht nur die Klassen, sondern auch die Provinzen einen anderen Konversationston pflegten. Neuerdings scheinen wir ein Problem hinzugewonnen zu haben: das Deutschland der Stämme hat sich nun wieder auch mit den östlichen auseinanderzusetzen, die ihre angestammte regionale Besonderheit angereichert haben mit einem aus den «Errungenschaften der DDR» gewonnenen Stammesstolz – für Weststämme völlig unverständlich.

Weshalb der Ruf «Wir sind ein Volk!», nachdem er seinen guten Zweck erfüllt hat, nicht weiter reüssiert. Das von manchen empfohlene und von vielen gefürchtete Hilfsmittel, der Bezug auf ein größeres Kollektiv namens «deutsches Volk», erweist sich weder im Westen noch im Osten als die Sprache, in der man Verpflichtungen für andere diskutieren (und begrenzen) will. Daß deutsche Orientierungssuche also wieder bei dem uralten Modell des autoritären Nationalstaates endet, ist eher unwahrscheinlich. Wo aber läge jener Vorrat an Gemeinsamkeiten, aufgrund deren man Verpflichtungen dem Gemeinwesen gegenüber diskutieren kann, ohne zu Kategorien wie Volk, Abstammung oder Nation zu greifen? «Landsmannschaften», Regionalismus und Stammesvorlieben reichen offenkundig nicht aus, auch jene abstraktere Solidarität zu erzeugen, die über den eigenen Kirchturm hinausweist.

Gäbe es in Deutschland endlich ein längst überfälliges Einwanderungsrecht, das Staatsangehörigkeit nicht von der Zugehörigkeit zum «Volk» abhängig macht, sondern sich auf das Bekenntnis zur Verfassung gründet, wären wir einen Schritt weiter. Denn das schaffte auch Klarheit darüber, was die in diesem Lande bereits Lebenden verbindet: Einverständnis mit einem Konsens namens Grundgesetz, das die wesentlichen Umgangsformen im Sinne von Demokratie und Menschenrechten bereits definiert und das niemanden, weder in seinen Rechten noch in seinen Pflichten, davon ausnimmt, der eine andere Kultur oder eine besondere «völkische Eigenart» – oder etwa «Identität», Geschlecht oder Hautfarbe – für sich reklamiert. Das wäre mehr als die gemeinsame Partizipation am Wirtschaftswachstum, ohne zugleich eine aggressive Kollektivbildung nach außen zu implizieren.

Vielleicht läge darin sogar so etwas wie eine «Selbstanerkennung» der Deutschen. Denn sie sind vor allem einander spinnefeind, folgt man den Thesen des Soziologen Gerhard Schulze in seinem Buch «Erlebnisgesellschaft», in dem er die Deutschen in distinkte Milieus zerfallen sieht. Diese verfügen zwar jeweils über jede Menge fester Überzeugungen und knallharter Regeln, die sich indes mit denen der anderen Milieus selten als kompatibel erweisen. Vieles übrigens, was wir gewohnheitsmäßig als einen Streit zwischen rechten und linken Weltanschauungen deklarieren, ist, jenseits solcher Abstraktion, wahrscheinlich lediglich das Unverständnis des einen Milieus für die Riten und Gebräuche des anderen, gepaart mit jener Unkenntnis, die Projektion zur Regel macht.

Wer sich seine Vorlieben und Abneigungen in der uns hierzulande eigenen deutschen Offenheit einmal vor Augen hält, dem fällt unschwer auf, daß es nur wenige gemeingefährliche Deppen sind, die sich auf ein Kollektiv namens «Die Deutschen» beziehen, um gegen Ausländer ins Feld zu ziehen. Der Rest dieses präsumtiven Kollektivs will vor allem eines nicht: mit «den anderen» in einen Topf geworfen werden.

Da gibt es die «Hedonisten», die «Egoisten» und Gemeinwohlabstinenten dieser Gesellschaft, die gern auch, nicht sonderlich zutreffend, als 68er oder gar «Alt-68er» verhöhnt werden: man könnte sie dem hinzurechnen, was Schulze das «Selbstverwirklichungsmilieu» nennt. Sie seien schuld am allgemeinen Verfall der Sitten, heißt es in den konkurrierenden Milieus der Republik gern. Sie hätten mit ihrer antiautoritären Erziehung den Kindern den

Sinn für Anstand und Grenzen ausgetrieben und hätten jene Individualisierung und Partikularisierung, wie sie die modernen Industriegesellschaften nun mal an sich haben, auch noch beklatscht, statt diesen Erosionserscheinungen der Volksgemeinschaft zu wehren mit viel trautem Heim, wo Ordnung herrscht, Apfelkuchen, Sittsamkeit und das milde Lächeln der Hausfrau. Das ist natürlich Unsinn, denn alte Bindungen, Institutionen und Glaubenstatsachen sind seit dem gewaltigen Modernisierungsschub der 60er Jahre hierzulande auch ohne Zutun einer rebellischen Jugend zerstoben, und das «traute Heim» ist überfordert mit der Aufgabe, säkularen Prozessen zu wehren.

Das sogenannte «Selbstverwirklichungsmilieu» hat allerdings, das erschließt sich im nachhinein deutlicher, dieser «Modernisierung» produktive Quellen erschlossen. Die Lebensstilexperimente der 70er Jahre haben, angesichts der Verflüssigung der klassischen Berufskarrieren, eine Perspektive jenseits der Normalarbeitsbiographie gewiesen; das Insistieren auf den subjektiven Qualitäten, die ein Arbeitsleben haben muß, hat zwar preußische Pflichterfüllung demontiert, aber ein neues Berufs- und Lebensengagement gefördert. Im Muff der frühen Jahre autoritär erzogene Nachwachsende hätten es ungleich schwerer gehabt in einer auf neue Flexibilität angewiesenen Arbeitswelt – und wo die antiautoritäre Erziehung ihre Grenzen hat, darauf haben gerade ihre Protagonisten in früher Selbsterkenntnis hingewiesen.

Aber darum geht es ja im Ernst womöglich gar nicht. Die «Selbstverwirklicher» eignen sich vortrefflich als Sündenböcke, ebenso wie ihnen selbst die anderen Milieus als Brutstätten unerhörter Schrecklichkeiten gelten. Oder wie soll man die regelmäßigen Attacken auf das von Schulze so genannte «Harmoniemilieu» verstehen, dessen Gartenzwerg- und Schäferhundambiente bei «Selbstverwirklichern» nachgerade reflexhaft die Suche nach jenem Stammtisch auslöst, an dem diese Patrone sicher gerade wieder sitzen, um nationalistische Parolen zu grölen? Wahrscheinlich wird an deutschen Stammtischen selten Substantielleres geäußert als Sätze wie «Gerda, noch ein'n», aber das Klischee sitzt.

Daß beiden feindlichen Milieus gleichermaßen das «Unterhaltungsmilieu» der jüngeren Generation zutiefst verhaßt sein dürfte, deren männliche Mitglieder angeblich ohne Heckspoiler, wummernde Baßboxen und Friseuse auf dem Beifahrersitz Weltschmerz kriegen, ist anzunehmen. Und erscheinen nicht wiederum die Älteren in der Perspektive der Jungen unweigerlich als verkalkt, unbeweglich, verspießert, resigniert und bar jeglicher idealer Maßstäbe, opportunistisch, anpasserisch und duckmäuserisch – im gleichen Maße, wie diese sich «endlich erwachsen», lebensweise, tolerant, kompromißbereit und konfliktfähig fühlen? Obwohl eine Gesellschaft niemals zuvor nicht nur optisch so lange jung blieb wie die unsrige, ist die Schwelle zwischen jung und «älter», die heute etwa um das 40. Lebensjahr herum liegt, wohl auch noch nie so hoch gewesen wie heute. Dieser Trennstrich zwischen den Generationen ist nachgerade, folgt man Gerhard Schulze, zu einer weiteren «Milieugrenze» geworden, die ebenso unüberwindlich ist wie diejenige, welche das lebenssinnsuchende städtische grün–alternativ–linksliberale Milieu von den Freunden der Gartenzwerge in den Reihenhaussiedlungen der Vorstädte trennt, die jung wie alt überdies als Spießbürger, wenn nicht gar als prototypische häßliche Deutsche ausgeguckt haben.

Unzweifelhaft hat jede Szene, jedes Milieu einen Kodex des richtigen Verhaltens, an dem es den Hinzukommenden mißt. Da diese Zeichen des Einverständnisses und der Zugehörigkeit aber entweder wenig auffalllen oder schlechterdings nicht nachahmbar sind, nützt dem Fremden auch ihr Zitat nicht. Regeln und Riten sind hierzulande, wie im übrigen in den meisten anderen modernen Gesellschaften auch, Mechanismen des Ausschlusses, nicht Boden möglicher Begegnung. Diese Kollektivbildungen kommen offenbar ohne Feindbild, ohne das Fremde und andere nicht aus, ohne jene Unterscheidung zwischen Freund und Feind, die über Dazugehörigkeit oder Ausschluß befindet. Was fast alle Milieus als rabiaten und gefährlichen Nationalismus ablehnen würden, nämlich eine Kollektivbildung namens «deutsches Volk», ist auf der Ebene der Milieukonkurrenz gang und gäbe. Die Sache wird nicht dadurch gemütlicher, daß sich, gottlob, die Deutschen immer noch mehrheitlich eher übereinander ärgern denn über, zum Beispiel, ihre türkischen Nachbarn, denen insbesondere das «Sauber-und-ordentlich!»-Milieu gerne nachsagt, sie seien eigentlich viel deutscher als die Deutschen...

Helden der Einsamkeit

Der Deutsche ist dem Deutschen spinnefeind, sofern er sich in einer anderen Szene oder Altersgruppe aufhält, vom Ost-West-Gegensatz ganz zu schweigen. Milieuspezifische Umgangsformen sind Weisen der Abgrenzung ebenso wie Arten der Anerkennung. Das unterscheidet sie auch heute nicht von der Etikette, deren Befolgung im, sagen wir mal, 19. Jahrhundert über Gedeih oder Verderb entschied. Der Unterschied liegt in der sozialen Distinktion, die das «richtige Benehmen» signalisierte. Manieren waren früher eine Standes-, dann eine Klassenfrage. Heute aber sagen die Regeln, durch die die verschiedenen Milieus sich unterscheiden, weniger aus über die gute Kinderstube, der man entstammt, also über die soziale Schicht der Eltern und den Lebensstil, den sie pflegten, sondern über Faktoren, die dem Individuum zugerechnet werden: Bildung, Alter und Stil (Gerhard Schulze).

Individuen finden ihre Orientierung, jenseits von «Volkstum», Nation oder Region in den Milieus und «Szenen» der Republik, in der Gesellschaft Gleichgesinnter, in der man sich immer wieder, per Osmose, fast, ins Benehmen setzt über das Weltbild, die Wirklichkeitswahrnehmung, über die Geschmacks- und Stileigenarten, die man mit den anderen Szeneangehörigen teilt. Dieses Einvernehmen mit Gleichgesinnten, das auf dem Wege der Abgrenzung von anderen hergestellt wird, mündet in einer auffallenden Konfliktunfähigkeit zwischen den Großmilieus der Gesellschaft. Damit ist, soviel ist klar, nicht ihre Bereitschaft gemeint, den anderen als Gegner wahrzunehmen. Damit ist ihr Talent gemeint, im Konflikt mit dem anderen auf eine Lösung hinauszuwollen.

Denn daß man einander nur das Schlimmste nachsagt, ist ja eben kein Indiz für die Fähigkeit, einen Konflikt auch auszutragen. Es fällt, im Gegenteil, auf, daß Klischees das Schlachtfeld bevölkern – das Klischee von den narzißtischen Egoisten und schrillen Emanzen ebenso wie das von den dumpfen Stammtischbrüdern und den «Tortenmutterschiffen» und «kuchenfressenden Pelztierchen», das Zerrbild von den verwöhnten, egoistischen und gewalttätigen Kids ebenso wie das von den verkommenen und korrupten, die Zukunft ihrer Gegenwart opfernden Alten. Logisch: da man einander nicht mehr begegnen muß, muß man auch nicht mehr lernen, die Gegensätze auszuhalten und einen Modus zu finden, sie auszubalancieren. Tatsächlich sind die öffentlichen Orte hierzulande überfüllter denn je, aber die einzelnen ziehen ihre Bahnen, ohne miteinander in Kontakt zu treten – es sei denn in einer ruppigen Geste der Abgrenzung.

Das ist, um Himmels willen, kein Plädoyer für eine neue deutsche Gemütlichkeit mit eingebauter sozialer Wärme. Nein, es gehört zu den Schönheiten moderner Lebensweisen, daß sie völlig ohne jene «soziale Wärme» funktionieren, die wie ein dunstiger Mief aus den Zwangsgemeinschaften aufsteigt, die voneinander Abhängige zu bilden pflegen. Wenn man nicht will, kann man gänzlich ohne soziale Kontakte durchs Leben gehen, ohne gleich zu verhungern oder zu verdursten oder unter den Mainbrücken zu erfrieren. Und auch, um das gleich klarzustellen, ohne unter Einsamkeitsgefühlen zu leiden.

An die Stelle der miefigen Enge, der kontrollierenden Nähe dörflicher Gemeinschaften oder städtischer Nachbarschaften ist das Individuum getreten, wie es sich in gleichsam heroischer Autonomie vom Geldautomaten zum Supermarkt mit umfassender Selbstbedienung, zum Hamburger-Drive-in und zum Fernseher bewegt, ungetrübt von der Notwendigkeit, dem Vermieter die Miete, den Stadtwerken die Energiekosten oder der Pensionskasse den Beitrag höchstpersönlich vorbeibringen zu müssen. Die Zeitung liegt morgens schon im Briefkasten, die Bedienung im Café reagiert auf Höflichkeitsfloskeln sowieso nicht, und wer im Copy-Shop die

Automaten nicht selbst bedienen kann, sollte dieser Gesellschaft gleich die Kündigung einreichen.

Die wenigen noch nötigen menschlichen Kontakte, die ein moderner Mensch so haben muß, fallen, wen wundert's, entsprechend ungeübt und unsicher aus. Denn wann und wie sollten wir gelernt haben, uns über unsere Wünsche zu verständigen, über das, was wir einander abverlangen, über die anzustrebende Qualität unseres Umgangs miteinander – in dieser sogenannten «Dienstleistungsgesellschaft», die alles, bloß nicht das ist?

Wer sich vors innere Auge ruft, was man über Gesellschaften früherer Zeiten weiß, dem wird schwerlich entgehen, wie umfassend die Notwendigkeit war, sich mit anderen über die Grundlagen der eigenen Lebensführung auszutauschen. Nicht zuletzt das Zusammenleben verschiedener Generationen, mit Gesinde oder Dienstboten im Haus, in der Wohnung und oft mit Familienanschluß, erforderte eine Kunst der Verständigung, die sich keineswegs, wie unsere Kleinbürgergesellschaft heute verächtlich annimmt, im autoritären Erziehungsstil bzw. im Erteilen von Befehlen und ihrem gehorsamen Befolgen erschöpfte. Nicht zuletzt der Umgang zwischen Diener und Herrschaft erforderte nicht nur einen gut ausgebildeten Diener, sondern eine ziemlich manierliche Herrschaft. Auch die *upper class*, mit anderen Worten, war dem Zwang zur Selbstdisziplinierung, eben zur Selbstbeherrschung unterworfen – Prozesse der gegenseitigen Belehrung in der engen Gemeinschaft, die uns heute fehlen, wie sehr wir auch immer den Abschied vom Herr-und-Knecht-Verhältnis feiern wollen, wie befreind auch die Ablösung paternalistischer Beziehungen durch schlichte Geldverhältnisse gewesen ist.

Und so durchpflügen wir autonom einen öffentlichen Raum, der mit ungleich mehr Dingen, Menschen, Ereignissen und Erlebnissen angefüllt ist, als es früher der Fall gewesen sein möchte, ohne indes berührt zu werden (höchstens angerempelt): ein zivilisatorischer Glücksfall, wenn wir an die aus Not geborenen Abhängigkeiten früherer Jahrhunderte denken. Zugleich der Verlust dessen, was Gesellschaft ausmacht: die geübte und gekonnte Begegnung von einander Fremden im öffentlichen Raum. Wir scheinen nur noch dem zu begegnen, was wir bereits kennen.

Dieser Verlust einer riesigen Palette sozialer Fertigkeiten macht offenkundig nicht nur unsicher den erkenn- und wahrnehmbar Fremden gegenüber, jenen, mit welchen man nicht die (Un-)Gewißheiten von Sprache und Geschichte teilt, sondern auch den eigenen Volksgenossen vom anderem Stern des fremden Milieus. Wie in einem schlechten Beziehungsgespräch ist der Kernsatz der gescheiterten Begegnungen zwischen den vielen hier Lebenden: «Du kannst mich einfach nicht verstehen.» Was für die Fremdheit zwischen Mann und Frau gilt, trifft auch für die Szenebewohner der Bundesrepublik Deutschland zu: «Andere Worte, andere Welten» (Deborah Tannen), wobei das Drama dann am größten zu sein scheint, wenn die Worte dieselben sind, aber Unterschiedliches meinen.

Womit wir bei einer, wie ich finde, überaus schlüssigen Begründung für die Wiedererfindung des «guten Tons» wären: er ist die *lingua franca*, die nicht nur helfen könnte, mit den ersichtlich Fremden Umgang zu finden, die mit immer neuen Migrationswellen nach Deutschland gelangen. Denn auch wachsende Autonomie der einzelnen, größere Unabhängigkeit voneinander bei zunehmender Konfliktunfähigkeit, legt den Griff zu einer Zeichensprache nahe, die möglichst wenig mißverständlich ist. Wer die Gesten der Zuvorkommenheit beherrscht, mag insgeheim genauso ein Ekel sein wie viele andere auch. Wo ich mich aber auf seine Geste verlassen kann, muß ich mich auf seinen Charakter nicht einlassen. Denn in einer zunehmend engeren Welt wollen wir soviel gar nicht übereinander wissen.

II
Mensch in der Masse

«Die höfische Lüge war ein buntes Kleid,
die moralische Wahrheit immerhin noch ein Korsett, die
psychologische Ehrlichkeit ist jenseits aller Mode. Sie hat mit den
alten Formen gebrochen, nicht um sie durch neue und schönere zu
ersetzen, sondern um eine langweilige Formlosigkeit zu
hinterlassen.»

Jens Johler

Anziehen!

In einer Talkshow soll es zum Äußersten gekommen sein, mitten im Jahrhundertsommer 1994, wahrscheinlich bei 37 Grad im Schatten. Irgend jemand verstieg sich zur Forderung, dickleibigen Menschen die Zurschaustellung ihrer Leibesfülle, zum Beispiel in öffentlichen Badeanstalten, zu untersagen. Warum so kleinlich, fragen wir da? Es gibt noch weit mehr Weisen, den öffentlichen Raum freundlicher und übersichtlicher zu gestalten: Auftrittsverbot für muskulöse Jungmänner in Leibchen und mit verkehrt herum aufgesetzter Baseballmütze, vor allem, wenn sie mit Bike zwischen den geölten Waden und Discman über den Ohren durch die Fußgängerzone fetzen. Quarantäne (im Bierzelt?) für starkbäuchige Herren in Trainingshosen und schmuddeligem Herrenunterhemd, das sie bei höheren Temperaturen gern hochgezogen zu tragen pflegen, so daß jeder das Tönnchen von Bauch sehen kann, in das sie Hektoliter von Bier investiert haben. Sofortiges Vertreiben aerobicgestählter Mittvierzigerinnen aus der Grünanlage, in der sie sich, kaum haben sie sie betreten, das Kleid herunterzureißen pflegen. Verbannung all jener weiblichen Teenager, die ihre prallen Schenkel in enge Radlerhosen zwängen, um im öffentlichen Nahverkehrsmittel den hinter ihnen Stehenden den lässig halbseits getragenen Rucksack ins Gesicht zu schleudern. Aufs Fahrrad, ihr Gänse! Und ab nach Mallorca mit den Bataillonen älterer Herren, die sich in papageienbunten Trikots und mit rasierten Beinen aufs Rennrad setzen und beim Durchbrettern der Kleinstadt eine Wolke von Schweißgeruch und Trussardi hinter sich lassen. Ans Zuhängen all jener Parfüm- und Jeansreklamen mit Breitwandabbildungen lasziver Nackedeis sei nicht zuletzt zu denken.

Neue Prüderie? Von wegen. Im Jahrhundertsommer 1994 ist nun wirklich endgültig die Illusion zerstoben, die Verabschiedung von Kleiderordnung und Bekleidungsgebot gehöre zu den unveräußerbaren Freiheitsrechten des Individuums und sei insofern ein schützenswertes Gut. Die Sommerrepublik der Nackten und Entblößten – soviel unverhülltes Fleisch war nie – markierte einen Höhepunkt in der Geschichte der abnehmenden Bedeutung der Körperbedeckung. Weder zuviel Ozon unten noch zuwenig oben, weder Hautkrebsprognosen noch allgemeine ästhetische Bedenken, Alter oder Konfektionsgröße hat die Deutschen jeglichen Geschlechts davon abbringen können, sich mehr oder weniger zu enthüllen. Seither kann es nur noch eines geben: eine Wiederbefestigung uralter menschlicher Bedeckungsphilosophien, wonach das Weib sittsam, der Herr korrekt gekleidet zu sein habe. Ich stehe mit dieser Forderung nicht mehr allein.

Die aufdringliche Nacktheit, behaupte ich, macht nichts als aggressiv. Im immer enger werdenden öffentlichen Raum bombardieren wir einander mit unserer ungefilterten Leiblichkeit – wobei es irgendwann egal ist, ob sich der Bierbauchträger oder der Bodybuilder in unser Gesichtsfeld schiebt und als störend erweist. So macht man den anderen ihr Terrain schon optisch streitig, bevor man es dann noch mit Ellenbogen und Rüpelhaftigkeit tut.

Wie halten wir das alles aus? Das kann doch, im Ernst, gar nicht gutgehen! Doch wie durch ein Wunder geht es im wesentlichen ganz gut oder jedenfalls nicht sehr schlecht: das wechselseitige Bombardement mit Fleisch, Farben, Gerüchen, Geräuschen wird von den meisten stoisch hingenommen. Dabei kann jeder auf Anhieb die ihm unangenehmsten Zumutungen benennen: drängelnde alte Herren, der Coole mit dem Dreitagebart, die aufdringlich parfümierte Brünette, kreischende Kinder, der rülpsende Biertrinker, der rasante Biker, aufdringliche Meinungsumfrager, das trödelnde Mütterchen, der Jackettträger mit dem Ebergeruch, ihre Kinder anbrüllende Erziehungsberechtigte, der negativsozialisierte Teen mit dem laut aufgedrehten Walkman und, nicht zu vergessen, die mit sichtbarem Ekel im Gesicht durch die Menge drängende Mittvierzigerin, *yours truly*. Und das alles unter den Live-Bedingungen eines Pandämoniums aus verkaufsfördernder Muzak, Autogeräuschen, kreischendem Teenie-Gelächter, konkurrierenden Darbietungen weißrussischer bis Bockenheimer Straßenmusikanten, anpreisenden Rufen von Straßenverkäufern, Angeber-Geschnatter von Handy-Besitzern, «HassemaneMaak»-Anmache unserer Drogenfreunde und routinierten Litaneien von Fremdenführern. Wie schön wäre es, wenn sich diese geballte Menschlichkeit wenigstens gnädig verhüllte – es müssen ja nicht gleich die Kutte und der Schleier sein.

Nun ist, na klar, die Forderung nach einer Vertreibung der Dikken aus dem öffentlichen Raum, sobald Entkleidungswetter droht, diskriminierend, zumal wenn sie von Jugendlichen vorgebracht wird, deren körperliche Präsenz in der Öffentlichkeit, um es höflich zu sagen, enervierend ist. Der Sommer 1994, das soll hier unmißverständlich erklärt werden, hat bei empfindsamen Gemütern nicht den Wunsch nach einem Entkleidungsverbot für wenige, sondern nach einem Bekleidungsgebot *für alle* hervorgerufen – auch und gerade für all jene, deren Körpersprache nicht minder laut ist denn die des Herrn mit dem Tönnchen als Bauch. Die Zurschaustellung des in mühsamer Schweißarbeit an den Kraftmaschinen im Sportstudio getunten Body ist genauso aufdringlich wie die Preisgabe des Aufwandes, den der Biertrinker mit seiner Wampe gepflegt hat. Und daß man mit Mitte Vierzig noch eine Leibesmitte wie ein Waschbrett haben kann, wenn man hart wie Jane Fonda daran arbeitet, geht ja nicht gleich alle was an. Oder gibt es keinen Triumph mehr, den frau im geheimen feiern kann?

Es gibt erstaunlicherweise Menschen, die das Recht auf Selbstdarstellung entschieden höher bewerten als die Gefühle jener, die solche je persönliche Inszenierung störend finden. Das ist merkwürdig, wo doch andererseits auch in Deutschland der Anspruch auf seelische und ästhetische Unversehrtheit, der Schutz vor Auf- und Zudringlichkeit ihren Stellenwert haben. Die Exhibitionisten der Nation halten solchen Empfindlichkeiten ein höheres Gut entgegen, reklamieren sie doch für sich die demokratische Befreiung von einer Kleiderordnung, die in vergangenen Jahrhunderten nur der Disziplinierung der Körper, der sexuellen Verklemmung und vor allem der sozialen Distinktion, der Zurschaustellung sozialer Unterschiede, gedient habe. Und das ist natürlich richtig.

Nackt und unverfälscht

Noch bis vor kurzem, sagen wir mal: bis in die 60er Jahre hinein, galt, abgewandelt, was jahrhundertelang zu jeder Sozialordnung gehörte: daß jeder Rang oder Stand, jedes Geschlecht und jedes Lebensalter eine spezifische Kleiderordnung hatte. So waren im Mittelalter bestimmte Tuchsorten für die ärmeren Kreise verboten und verzichteten selbst jene Bürger und Handwerker, die es sich leisten konnten, auf die Insignien des über ihnen stehenden Standes – es wäre unpassend und nicht standesgemäß, also: unanständig gewesen. Vor allem für Frauen galt noch die ganze lange erste Hälfte dieses Jahrhunderts, daß sie sich «schicklich» zu verhüllen hatten, um sich jenseits des 40. Lebensjahres tunlichst völlig unsichtbar zu machen.

Wir wollen den Fortschritt preisen, der uns nicht mehr zwingt, nach der Hälfte des Lebens in Sack und Asche zu gehen, und begrüßen den Abschied von all jenen Fahnen und Abzeichen der Weiblichkeit – vom Petticoat über den Etuirock bis zu den Stöckelschuhen –, die unbequem waren, an der freien Entfaltung hinderten und der lebenspraktischen Bewältigung des Alltags im Wege standen. Weshalb wir ihnen aus genau diesem Grunde noch schnell einen Seufzer hinterherschicken wollen: Die Frauenkleidung der «besseren Kreise», unbequem, wie sie war, hat früher überaus deutlich signalisiert, daß ihre Trägerin es nicht nötig hatte, sich mit arbeitsähnlichen Betätigungen den Tag zu verderben. Heute, wo wir Frauen so aussehen, als ob wir jederzeit einen Reifen wechseln könnten, müssen wir folgerichtig auch permanent so tun als ob – was eher lästig ist. Wir müssen ja nicht in allem Experte sein. Doch die demokratische Kleiderordnung entläßt niemanden aus der Selbsttätigkeit: selbst reiche Müßiggänger demonstrieren im legeren Jil-Sander-Look, daß sie sich wenigstens hingebungsvoll ihrer Rückhand gewidmet haben.

Kleidung akzentuiert heute ebensowenig mehr den Unterschied zwischen Arbeit, Freizeit und Vergnügen, der in früheren Jahrhunderten nachgerade zelebriert wurde. Der Leggings-, Turnschuh-,

Jeans- und Sportswearlook vermittelt den Eindruck von Menschen in beständiger Aktivität – ständig bei der Arbeit oder ständig bei der Freizeit: beides verschwimmt. Auch der Unterschied zwischen Privatsphäre und Öffentlichkeit wird durch die Bekleidung nicht mehr akzentuiert. Was man früher höchstens im Boudoir trug und als intim galt, nennt sich heute Jogginganzug und wird den Augen anderer beim Einkaufen wie beim Stadtbummel ohne weiteres zugemutet.

Daß heutige Moden höchstens noch die Szenen und Milieus der Republik unterscheiden, nicht jedoch notwendigerweise die soziale Klasse oder das Alter gleich noch mit definieren, daß sie nicht mehr präzise dem Arbeits- oder dem Freizeit- oder gar dem Kulturbereich zuzuordnen sind, daß sie eine Freiheit der Wahl mittlerweile sogar ohne den Zwang zu einer bestimmten Modelinie ermöglichen, hat, seltsamerweise, das Erscheinungsbild der Menschen in der Öffentlichkeit angeglichen. Keine neue Vielfalt ist entstanden, sondern ein eher harmloser Stilmix, dem nichts von jenem die öffentlichen Plätze etwa des 18. Jahrhunderts prägenden Spaß an der Zurschaustellung des eigenen Reichtums und Geschmacks eignet. Demokratischer Fortschritt, gewiß. Vor allem für die Frauen: Zugewinn an Bewegungsfreiheit, in der Tat. Aber die endliche Freisetzung individueller Phantasie ist mit der Befreiung von der Kleiderordnung nicht entstanden. Im Gegenteil – sie ermutigt insbesondere Männer, deren Beruf kein strenges Kostüm verlangt, zum bequemen, aber unansehnlichen Jeans-und-Sweatshirt- oder Kordhosen-und-Pulli-Schmuddellook.

Vor allem will doch, im Ernst, wohl niemand mehr behaupten, daß der Verlust der Form auch nur irgend etwas mit sexueller Befreiung zu tun hätte oder gar mit Erotik. Die sexuelle Begierde wächst, wir wissen das ja längst, am heftigsten in der Phantasie und in der Sehnsucht, etwas, dem man mit der Männer- und Frauenmode in ihren besten Zeiten vorzüglich nachzuhelfen wußte. Weshalb sie schlechterdings nicht erotisierend wirken, all die entblößten Körper, selbst wenn sie nett anzuschauen sind. Die gut geölte männliche Muskelfülle, auf weißes Laken hingestreckt, appelliert gerade mal ans Mütterliche im Weib, so babyhaft rund und konturlos, so haar- und harmlos, wie das anmutet. Und die Supermodels, mit denen seit einigen Jahren die Nachricht kaschiert wird, daß «Mode» und die entsprechende «Linie», daß die «Haute Couture» angesichts des Sieges der Alltags- und Freizeitkleidung an Bedeutung immens verloren haben? Lauren Bacall oder Mae West waren, Meryl Streep und Glenn Close sind attraktiver und erotischer als die freundlichen Mädchen mit den Kleiderständerfiguren – und dagegen hilft natürlich erst recht nicht die zunehmende Tendenz zur Entkleidung der «Mannequins», wie sie früher hießen, als ihre Herkunft von der Schneiderpuppe noch im Bewußtsein war.

Es ist ja etwas dran an der These, es werde heutzutage ein Hang zur Instrumentalisierung des Körpers gepflegt, zur unendlichen physischen Verfügbarkeit. Verfügbarkeit auch in sexueller Hinsicht, im One-night-Stand und dem Quickie à la «Wenn der kleine Hunger kommt», den Prototypen der beziehungslosen Sexualität. Dem ist moralisch nichts entgegenzuhalten. Höchstens die mangelnde Qualität einer Freiheit, die sich nur noch als Fehlen von Grenzen definiert – eine reiz- und lustarme Angelegenheit. Jedenfalls auf die Dauer.

Also: die Entschuldigung mit der sexuellen und sonstwie Befreiung, hinter die man doch wohl nicht zurückwolle, oder?? – die zieht nicht mehr. Ebensowenig wie die einigermaßen unverfrorene Behauptung, erst die Ent-Kleidungsstrategie der heutigen Zeit verwirkliche die pure soziale Demokratie («Nacktheit kann sich jeder leisten!») und sei ein Gebot der Befreiungsphilosophie, wonach verklemmt ist, wer nicht alles zur Schau stellen will. Denn selbst wenn, was nicht stimmt, die Kleidung keinerlei soziale Distinktion mehr erkennen ließe, so läßt doch vor allem die Entkleidung die Klassen- oder wenigstens Milieuunterschiede überdeutlich werden. Der Mann mit dem Bierbauch – der hat doch eindeutig etwas verwechselt, oder? Nämlich daß der Befreiungsdiskurs nur gilt, wo die Enthüllung zeigt, daß man, statt wie früher in teure Bekleidungsstücke, sich heute leisten kann, in die Arbeit am eigenen Körper zu investieren.

Körperarbeit und Fitnesswahn

Heute ist der Körper selbst das soziale Signal, das in den übervölkerten Raum geschickt wird. Und diese Kommunikation ist zwar einerseits laut und schrill, aber ebenso durchaus subtil: es ist eine Sprache, die nicht jeder versteht. Sie ist der Code städtischer Szenen, die die moralische Botschaft der 80er und 90er Jahre verstanden haben: es hängt von dir selbst ab, wie du dich fühlst.

Die Fitnesswelle, die seit einigen Jahren auch in Deutschland angerollt ist, hat, das wollen wir den Zeitgeistkritikern der Nation noch schnell entgegenhalten – die von der Arbeit an der äußeren Schale nichts halten, alles nur als eine Angelegenheit der inneren Einstellung zu sich selbst ansehen und zum bescheidenen Sichabfinden mit dem Übergewicht raten –, eine Reihe durchweg positiver Folgen. Wer eine derart hohe Lebenserwartung hat wie ein durchschnittlicher Bewohner einer der reichen Industriegesellschaften, darf schon mal darüber nachdenken, ob er nicht selbsttätig die Wahrscheinlichkeit erhöhen kann, sein Leben vor dem Tod halbwegs gesund und freudvoll zu fristen. Das ist bekanntlich kostensparend, und alle wissen, wie es geht (danke, liebe AOK!): nicht rauchen, viel Bewegung und praktischer Nachvollzug der revolutionären Tatsache, daß Menschen hierzulande heute um die 300 Kalorien täglich weniger brauchen als noch zur Jahrhundertwende. Daß sich Menschen, wenn auch innerhalb eines genetisch vorgegebenen Rahmens, zu einem erstaunlich hohen Maße körperlich selbstbestimmen können, die Schönheitschirurgie einmal herausgelassen (aber warum eigentlich?), gehört heute zu den menschlichen Möglichkeiten und damit auch zu den Menschenrechten. Karl Lagerfeld: «Ich möchte in der Wahl meiner Figur frei sein.» So, jawohl, sieht individuelle Autonomie aus, wenigstens in den gehobenen Zirkeln: noch nie war die Dominanz von Natur und Schicksal so bestreitbar wie heute.

Die Körperfeindlichkeit, die sich in der ganz schön deutschen These bündelt, es komme sowieso nicht aufs Äußere an, sondern allein auf die innere Tugend und den guten Charakter, geht ebenso am realen Menschen vorbei wie der Machbarkeitswahn vieler Fitnessathleten. Denn das ist die Kehrseite des lobenswerten Gesundheitsbewußtseins: Wo der Fitnesstrip zum moralischen Imperativ wird, erweist sich, daß die Zurschaustellungsmanie auf den öffentlichen Plätzen der Nation auch noch andere gänzlich unfreundliche Seiten hat.

Denn der nackte oder wenig bekleidete Körper gibt unendlich viel preis. Die durch Krafttraining definierte Muskulatur sieht anders aus als die, die man der Arbeit in einer Autowerkstatt verdankt. Fast so eindeutig wie in den USA sind in der Bundesrepublik Übergewicht, bestimmte Ernährungsgewohnheiten und vor allem Rauchen zu Merkmalen der Unterschicht geworden. Wer dick ist, gilt als Gesundheitsrisiko und als undiszipliniert. Wer raucht, belastet die Gemeinschaft – die sich offenkundig zur herzlosen Kalkulation nicht bekennen mag, derzufolge doch eigentlich jeder vorzeitig ablebende Raucher sonst künftig zu erwartende Pflege- und Versorgungskosten einspart. Die Fitnesswelle, die überwiegend die Mittelschicht erreicht, dient mit Blick auf die unteren Gesellschaftsklassen einem moralischen Terror, der die Körperautonomie zum Disziplinierungszwang macht.

Die scheinbare Gleichheit vor der Natur entpuppt sich damit als raffinierte Falle, die äußerst wirkungsvoll eine Weise der sozialen Distinktion verbirgt, die um so brutaler wirkt, als sie ziemlich fälschungssicher ist. Seine Figur kann man nicht erschleichen, stehlen und nur bedingt käuflich erwerben. Die meisten müssen sie sich hart erarbeiten. Wer dick ist, sagt der Imperativ «Meistere dein Schicksal!», ist selbst dran schuld und gehört zu Recht der Unterschicht an, der nur entfliehen kann, wer zur Selbstdisziplinierung und zur Selbsterschaffung in der Lage ist.

Die angebliche «Natur», auf die sich der Drang zur Entkleidung beruft, radikalisiert überdies ein weiteres Mal jene Schranke, die heutzutage nicht nur die Generationen, sondern damit zugleich spezifische Milieus voneinander trennt. Noch nie waren die Menschen so lange so jung wie heute – jedenfalls in den reichen Gesellschaften der Industrieländer. Weder müssen Männer heute pünktlich zum Midlife drei Stammhalter vorweisen, einen Spitzbauch vor sich hertragen und mit Impotenz rechnen, noch werden Frauen Schlag 40 zu geschlechtsneutralen Matronen, die, nachdem sie die diversen Kindbetten überlebt haben, nun in den sozialen Tod geschickt werden. Dennoch geht um etwa dieses Lebensalter deutlich spürbar ein Schlagbaum herunter, der die Szenen der Jüngeren von den Milieus der Älteren trennt. Wer als nunmehr endlich Erwachsener diesen Abschied nicht vollziehen will, ist arm dran: dann wird er von den anderen vollzogen. Die demonstrierte Körperlichkeit ist ein taugliches Mittel, diesen Bruch zu inszenieren – und es ist gemeinhin wenig aussichtsreich, da mithalten zu wollen. Wie sehr man auch die natürlichen Altersprozesse kompensieren kann, zum Wohle von Körper und Seele, sowenig sind sie letztlich aufzuhalten.

Wo der Körper zum Statuszeichen geworden ist, ist es noch schlechter bestellt um jenen berüchtigten «Respekt vor dem Alter und der Erfahrung», um die allerdings auch in früheren Zeiten von den Älteren hart und machtgestützt gerungen werden mußte. Der Kampf zwischen den Generationen verlief sogar erheblich härter, als es noch keine staatliche Rentenversicherung gab und die Alten von ihren eigenen Kindern abhängig waren – ein Grund mehr für die ältere Generation, das Zepter erst möglichst spät an die nachfolgende weiterzureichen. Heute führt die Dominanz der Körperlichkeit und damit der Jugendlichkeit zu einem Paradox: Die immer älter werdende Gesellschaft verzichtet zugunsten der Insignien einer längst zur Minderheit gewordenen Jugend auf sichtbare Statuszeichen für jene vielen, die sich in den weiten gerontischen Flußtälern eines Menschenlebens jenseits der 40 tummeln. Sie sind in der Öffentlichkeit wenig präsent, ebensowenig, wie sie in der Werbung repräsentiert sind (die damit am größten Kaufkraftpotential vorbei agiert). Sie bevölkern die Öffentlichkeit, die Straßen und Plätze, weniger, als es ihrem relativen Gewicht entspräche. Sie bestimmen also auch nicht die Gesetze, die dort herrschen.

Diese Selbstausgrenzung ist fatal – nicht nur weil sie die Verdachtskultur nährt und insbesondere bei älteren Menschen die

Angstvorstellung einer von Unholden bevölkerten Öffentlichkeit erzeugt. Die Verdrängung der Körperlichkeit, der man den biologischen Prozeß des Älterwerdens ansieht, überläßt die Straßen und Plätze einem Tempo und einer Dynamik, die alles ausgrenzt, das nicht gnadenlos gesund und unendlich belastbar, also: jung ist.

Gestiefelt und gepanzert

Anstelle der äußerlichen Zeichen der Mode ist der Körper selbst heute das Zeichen – was heißt das für die Weisen, in denen wir uns in der gemeinsamen Öffentlichkeit, auf den Straßen und Plätzen der Republik, begegnen? Nichts Gutes, das ist klar, für Menschen mit körperlichen Einschränkungen aller Art – obwohl sie mit dem Fortschritt der Rehabilitationsmedizin und dem Altern der Gesellschaft häufiger werden. Denn, so könnte man aus der Mischung aus Körperbewußtsein und Distanzlosigkeit auf Deutschlands Straßen schließen: mit dem Körperkult ist der Abstand zu den anderen geringer geworden. Vielleicht, weil der Panzer, der Schutzschild, das, was die Blöße und die Verletzlichkeit bedeckt – das, was früher die distanzschaffende Bekleidung leistete –, nähergerückt, unter die Haut gegangen ist. Der Panzer ist mit dem Körper verwachsen und an die Stelle der Schutzzone getreten, mit der sich Menschen gewöhnlich umgeben möchten.

Da möchte man doch nachgerade ins Loblied ausbrechen über den Menschen, dies unendlich anpassungsfähige Wesen! Denn wie geschickt ist das doch angesichts der Tatsache, daß wir alle immer mehr werden und einander immer häufiger im Wege stehen. Da ist Platzsparen angesagt. Der Haken ist leider: Da Menschen unterschiedliche Vorstellungen von ihren Körpergrenzen haben, unterschiedlich viel Territorium um sich brauchen, um sich nicht bedroht zu fühlen, ist gerade diese Sorte des platzsparenden Raumgreifens ein häufiger Anlaß für Aggressionen, der sich insbesondere zwischen den Altersmilieus kaum noch kommunizieren läßt: Schön für die Kids, wenn sie ihre Grenze näher am Körper tragen.

Schon wenig ältere Menschen brauchen mehr räumlichen Abstand. Weshalb sich im Gegenzug die Geländewagen mehren, mit denen man schützenpanzermäßig durch die städtischen Fußgängerzonen patrouillieren kann, jeder Berührung enthoben...

Dem ethnologisch-liebevollen Blick erschließt sich aus den Details unseres öffentlichen Lebens das wahre Drama des modernen Deutschlands: Die Gepanzerten der Nation, der sportswearbewehrte Bikefahrer wie der Herr mit dem Rammbock vorn an seinem böse glänzenden *Four-Wheel-Drive*, treten völlig ohne jene Selbstdistanz und Selbstironie auf, wie sie die *Trademark* geübter Gesellschaftsspieler anderer Zeiten war. Uns narzißtischen Zombies ist es vielmehr bitterernst in unseren Stiefeletten, die der Kenner als verfeinerte Doc-Martens-Derivate durchschaut. Vielleicht liegt es, wie dieses Buch es nahelegen will, an der traurigen Abwesenheit von Regeln im öffentlichen Raum, daß die Mitspieler so wenig expressiv sind, so arm an künstlerischem Ausdruck, so verbittert und verbissen. Denn Regeln, und das ist ein weiteres gutes Argument für Umgangsformen, sind nicht das jegliche ursprüngliche Kreativität zunichte machende Zwangskorsett, als das sie hierzulande angesehen werden. Erst Regeln und das Spiel nach und mit ihnen erzeugen, wie jedes Kind weiß, vielmehr jene gesellschaftliche Phantasie, die aus dem öffentlichen Raum einen Spielraum macht. «Zum Spiel gehört die Lust, Regeln zu verändern und zu verfeinern», schreibt Richard Sennett in seinem Klassiker zum Thema Benimm. «Der Narzißmus jedoch ist asketisch.»

Auf den Straßen Deutschlands, darauf scheint dies alles hinauszulaufen, gehen massive Selbstbehauptungskämpfe humorloser Asketen vonstatten. Zwar läuft niemandem mehr ein Ausrufer voraus, der «Platz da! Der Landvogt kommt!» brüllt, aber wir verfügen über viele andere Weisen, den anderen zu bedeuten, daß wir sie gar nicht erst groß wahrnehmen. Wer nicht ewig in die Gosse treten oder hart an der Hecke entlangschrammen will, nur weil ihm wieder eine Gruppe in der hierzulande sehr beliebten Harkenformation entgegenkommt (zu dritt oder mehr im Marschtritt die ganze Breite des Bürgersteigs einnehmend), wird sich beizeiten einen Gang angewöhnen, der den anderen eine ähnliche Mißachtung signalisiert: sehr aufrecht. Sehr ausschreitend. Und ohne Blickkontakt direkt auf den Entgegenkommenden zu – und zwar möglichst entgegen den Gepflogenheiten des Straßenverkehrs: niemals rechts gehen! Mal sehn, wer die besseren Nerven hat. Bei den dann unvermeidlichen Rempeleien bitte nichts Entschuldigendes sagen, höchstens noch ein sehr internationales «Ooops!»

Wer sich die Coolness nicht zutraut, die man dazu unweigerlich braucht und an der mancher schon seit Jahrzehnten feilt, kann zu Behelfsmitteln greifen, die auch ohne gekonntes Auftreten dem anderen sagen, daß man ihn nicht wahrzunehmen wünscht. Der Walkman über dem Ohr, bei Jugendlichen sehr beliebt, ist ein geeignetes Mittel, die Zeit bis zur gewonnenen Souveränität im Stadtverkehr zu überbrücken. Dafür, daß *andere* einen wahrnehmen, kann man durch Überlautstärke sorgen. Auch die blickdichte Sonnenbrille, vielleicht sogar verspiegelt, erweist sich als hilfreich: ihre Trägerin kommt gar nicht erst in die Verlegenheit, es zum Augenkontakt kommen zu lassen. Wer durch wiederholtes Erleben begriffen hat, daß Zuvorkommenheit gegen die Rüpel nichts nützt und Höflichkeit nichts gegen die Drängler, wird sich bald abgewöhnen, was so offenkundig keinerlei Sozialprestige mehr hat. Nach diesem Schneeballprinzip scheint man in den Großstädten der Nation das früher Selbstverständliche verlernt zu haben.

High Noon

In Zeiten, als man gefährlicher lebte miteinander, wäre diese Art der Mißachtung der Grenzen des anderen eine tödliche Kränkung gewesen und hätte ebenso leicht zu Gewalt geführt wie ein womöglich gar harmloses Mißverständnis. Der bedrohliche öffentliche Raum erheischte Zeichen der Beschwichtigung – das offene Gesicht, die offene Hand oder gar die offenen Arme zeigten, daß man nicht zur Waffe griff oder keine Waffe verbarg. Zumindest in unseren Breiten war der Blickkontakt wichtig, er orientierte, so glaubte man, über Charakter und Absichten des anderen. Wer es verabsäumte, solcherlei Zeichen der Friedfertigkeit zu geben, machte sich bestenfalls verdächtig und wurde schlimmstenfalls selbst zum Opfer von Aggression.

Auf dem Land kämpfen Rudimente dieses Versicherungsverhaltens noch gerade eben um ihr Überleben. Dabei fällt dort, im Unterschied zur Stadt, noch heute jeder Fremde auf, sofern er sich nicht mit dem Auto durch die Fachwerkdörfer bewegt – und er ist in einem ordentlichen Dorf nun mal, als Fremder, verdächtig. Nur zugezogene Städter pflegen Autos und Häuser offenzulassen, wenn sie mit dem Trekkingrad ihre tägliche Fitnessrunde ziehen, weil sie wissen, wie allein schon der kontrollierende Blick der Nachbarn jegliche Entwendungstat vereiteln wird. Alteingesessene hingegen treibt das Mißtrauen um in alles, das sie nicht kennen. Weshalb das einst dorfübliche Grüßen – auf der Straße, über den Zaun – Kontrolle ebenso darstellte wie Leutseligkeit und Aufforderung zum Schnack. Dabei ist der Gruß noch immer der schnellste Weg zu jener Hilfsbereitschaft, die auf dem Dorf auch der Fremde erwarten kann, wenn er sich zu erkennen gegeben hat. Allemal aber ist er jener maulfaulen Verklemmtheit vorzuziehen, die hereingeschneite Städter an den Tag legen, die ihre metropolitanen Nachbarn nicht mehr zu kennen pflegen und deshalb des Grüßens auch anderswo völlig entwöhnt sind.

Öffentlichkeit hatte früher mit Selbstdarstellung, Selbstbehauptung und Angstabwehr zu tun, bevor sie ihre schönen und verspielten Seiten, die vielfältigen Inszenierungen der Geselligkeit, preisgab. Was die allgemeinverständlichen Zeichen der Beschwichtigung betrifft, stehen wir indes heute wie arme Leute da. Woran liegt das? Die Angst vor den vielen fremden anderen scheint ja nicht unbedingt gering zu sein. Und wenn man bedenkt, daß heute übliches Straßenverhalten noch vor einem Jahrhundert zu Mord und Totschlag geführt hätte, verhalten wir uns einigermaßen riskant.

Daß rechtsradikaler Mob Ausländer durch ostdeutsche Städte hetzen kann, scheint ein deutliches Zeichen zu sein, daß wir der

Straßenschlacht schon wieder nahe sind. Ich möchte einmal andersherum argumentieren: Könnte es nicht ebensogut sein, daß die vielfach demonstrierte Hilflosigkeit angesichts in die Öffentlichkeit vordringender Gewalttätigkeit eine letzte *gute* Nachricht über diese Gesellschaft wiedergibt? Wir haben es uns bislang leisten können, einigermaßen rüde miteinander umzugehen, weil die Bundesrepublik Deutschland eine relativ befriedete Gesellschaft war, in der man nicht damit rechnen mußte, daß der andere zuschlägt oder zur Waffe greift. Wir können es uns leisten, uns danebenzubenehmen, weil nicht die Todesstrafe darauf steht – noch nicht einmal die Drohung mit dem sozialen Tod. Und diesen Fortschritt eines relativ großen sozialen Friedens wollen wir über allen Klee loben, bevor es mit ihm vielleicht schon wieder vorbei ist... Und womöglich nur deshalb, weil wir ihn gar nicht richtig wahrgenommen haben.

Was aber kann man daraus schließen? Spricht *gegen* Umgangsformen etwa, daß sie nur dort blühen, wo sie nötig sind, die stets mögliche Explosion zu verhindern? Oder, umgekehrt, erzeugt der aggressive Grundton hierzulande nicht notgedrungen das, was wir alle eh schon fürchten, bevor es noch umfassend eingetreten ist: das Gesetz der Wüste, des «jeder gegen jeden»?

Daß es die kleinen, alltäglichen Ruppigkeiten seien, die auf die Dauer den Atomkrieg entfesseln könnten – dieses moralische Zwangskorsett, das die Friedensfähigkeit einer Gesellschaft von der Befriedung des einzelnen abhängig macht, halte ich für unkleidsam, weshalb ich es hier nicht empfehlen will. Nein, schlechtes Benehmen ist nicht identisch mit und führt auch nicht unmittelbar zu Gewalttätigkeit. Wir wollen diesen Unterschied festhalten, der im übrigen für die Opfer der entscheidende ist. Dennoch ist es für das gesellschaftliche Klima nicht unerheblich, wenn es an Gesten der Beschwichtigung so eklatant fehlt. Und das ist kein Gewalt-, sondern ein Kommunikationsproblem – Ausdruck der Tatsache, daß sich nicht groß austauschen muß, wer sich ähnlich ist.

Regelarmut entsteht, wenn man glaubt, sich in einem homogenen Milieu zu bewegen – wenn man meint, man sei ja «unter sich», und die Welt als Wohnzimmer sieht, in dem man schon mal die Beine auf den Tisch legen kann. Aber nicht nur ist Deutschland insbesondere in seinem westlichen Teil schon längst dem mono-kulturellen Biedermeier entronnen, haben die hier Lebenden unter-schiedliche Sprachen, Pässe, Kulturen, Religionen und Hautfar-ben. Es kommt die Zersplitterung in die Szenen und Milieus der «Erlebnisgesellschaft» hinzu, die nicht nur einander spinnefeind sind, sondern sich auch so wenig überschneiden, daß sie schon nicht mehr wüßten, wie sie sich im Konfliktfall miteinander aus-einandersetzen sollen. Auch der deutschsprechende Teil der in die-sem Land Lebenden kommuniziert in fremden Zungen: man redet meistenteils aneinander vorbei, wenn man schon miteinander re-den muß. Je weniger aber die Milieus einander noch begegnen, je weniger konfliktfähig sie sein müssen, desto größer wird der Spiel-raum für Phantasien, die sie übereinander entwickeln.

Lohn der Angst

Nehmen wir einmal das Großmilieu «Jugend», Untergruppe: das Unterhaltungsmilieu, die mit der überdimensionierten Musik-anlage im Auto. Wir mögen sie nicht – ohne große Emotionen, denn eklig waren wir früher selber; sie schätzen im übrigen die «Althippies», dicken Säcke und Muttis aus den anderen Milieus auch nicht sonderlich.

Daß diese Jugend, «die Jugend», immer krimineller und immer gewalttätiger werde, ist eine verbreitete These, die in verschiede-nen Varianten zirkuliert. Wer mit Beweismaterial über die Ver-rohtheit der heutigen Jugend nicht aufwarten kann, behauptet we-nigstens ihre «zunehmende Gewaltbereitschaft» – ein besonders schönes Beispiel für politische Demagogie, denn wie, bitte schön, können gesicherte Auskünfte über so etwas Schwammiges wie eine bloße «Bereitschaft» gewonnen werden? Daß junge Menschen noch nicht darauf geklagt haben, die Verhetzung einer ganzen Ge-neration gefälligst zu unterlassen, spricht für das, was auch seriöse

Untersuchungen nahelegen: die Stichhaltigkeit der These von der wachsenden Brutalität der Jugend korreliert negativ mit der Überzeugtheit, mit der sie vorgetragen wird. Die extreme Gewalttätigkeit extremistischer Gruppen ist beunruhigend genug, bietet aber keinen Anlaß, eine ganze Generation in Acht und Bann zu tun bzw. in die Therapie zu schicken.

Nun steht «die» Jugend in den meisten Kulturen notorisch unter Verdacht, denn eines scheint zu den anthropologischen Grundtatbeständen zu gehören: Die Neigung, Regeln zu übertreten, ist seit Menschengedenken ein Prärogativ der Jüngeren. Die überbordende physische Aggressivität junger Männer war in allen Kulturen ein Anlaß, sie vom Rest der Gesellschaft abzusondern und mit Minnesang und Turnierspielen bei Laune und Disziplin zu halten. Alte Männer pflegten die jüngeren Geschlechtsgenossen als prima Soldatenmaterial in den Krieg zu schicken, denn auch bei Männern nehmen die Lust an potentiell explosiven Situationen und die Risikofreudigkeit insgesamt mit zunehmendem Lebensalter ab – man kann das Feigheit oder Lebensweisheit nennen. Heute ist das nicht anders als früher: Die Neigung zur gewalttätigen Lösung von Problemen, zur Übertretung von Regeln und zu Eigentumsdelikten diverser Art ist bei den jüngeren Männern unter 25 am häufigsten anzutreffen. Das ist also nichts Neues. Aber wird es immer schlimmer?

Führt man sich die Jugendkrawalle nicht nur im Deutschland der 50er und 60er Jahre vor Augen und nimmt die (seriös interpretierte) Kriminalitätsstatistik zu Hilfe, dann muß man eher schließen, daß die Jugend heute (bis auf die bekannten kleinen radikalen Minderheiten) besonders friedfertig ist. Wenn man berücksichtigt, daß ihr Anteil an der Gesellschaft rapide abnimmt – vor über hundert Jahren kamen auf 100 Deutsche unter 20 Jahren 10 ältere Menschen über 65, heute ist das Verhältnis 10 zu 10 –, dann muß man bezweifeln, daß es hierzulande zunehmend «verroht» und «brutal» zugeht. «Die Jugend» steht zu Unrecht kollektiv unter Verdacht – sie scheint sich vielmehr, auch eine Form von Aggression, vorzugsweise der Kfz-gestützten Selbstvernichtung anheimzugeben. Zahllose Holzkreuze an Deutschlands Landstraßen zeugen davon. Mit anderen Worten: «die Jugend» bedroht höchstens sich selbst.

Aber paradoxerweise haben diejenigen, die sich am meisten vor ihresgleichen fürchten müßten, die jungen Männer, am wenigsten Angst, während die Älteren und vor allem die Frauen sich weit betroffener von Gewalt und Raub wähnen, als sie sind. Auch deshalb meiden sie, insbesondere nach Einbruch der Dunkelheit, die Straßen und Plätze der Republik, mit der paradoxen Folge, daß sie das Feld denen überlassen, vor denen sie sich am meisten fürchten und daß sie einen womöglich mäßigenden und kontrollierenden Einfluß gar nicht mehr ausüben können. Auch das befördert die Kommunikation zwischen den Milieus der Republik wenig und trägt bei zum Bild von der zunehmenden Konfliktunfähigkeit. Lieber gehen wir einander aus dem Weg, als daß wir klarstellten, wie wir zusammen leben wollen.

Ist es dieses Gefühl, der öffentliche Raum sei nicht mehr einschränkungslos zugänglich, das die Angstlücke erklären könnte? Es lebt sich nämlich auch an anderen Fronten in Deutschland noch vergleichsweise friedlich. Es nimmt, bei anhaltender bis zunehmender Geschwindigkeit und Verkehrsdichte auf den Straßen, die Zahl der Verkehrstoten alljährlich ab. Gewaltkriminalität wächst in bestimmten Milieus, berührt aber noch immer nicht den Alltag aller, auch nicht potentiell. Auch Vergewaltigung ist keineswegs das Normalschicksal der Frauen, die in deutschen Großstädten leben – ebensowenig wie sexueller Mißbrauch im Kindesalter. Und so schlimm es ist, daß ausländerfeindliche Gewalt in diesem Land zugenommen hat – es gibt noch keinerlei Grund, sie zu einem deutschen Charakteristikum zu erklären. Rassismus und Antisemitismus sind nach wie vor in Deutschland weit stärker tabuiert als anderswo. Das soll keine einzige Tat beschönigen und nicht im geringsten heißen, man müsse sich mit alledem abfinden. Kritisiert wird die Vorstellung von einer Allgegenwärtigkeit der Gewaltphänomene, die erst recht hilflos macht dem gegenüber, was wirklich (und nicht nur in der angstbesetzten Phantasie) geschieht. Wir brauchen nicht verängstigte Bürger, sondern solche, die Situationen realistisch einschätzen können.

Wenn die Angst nicht mit den Tatsachen korreliert, dann spricht das gemeinhin für Orientierungslosigkeit – ein modernes Phänomen, gegen das man althergebrachte Konventionen nur schwerlich mobilisieren kann, denn ihre Marginalisierung entspringt ja gerade dem Verlust jenes beschränkten Kosmos der Vergangenheit, in dem das Leben so gefährlich wie übersichtlich war.

Die «Angstlücke» scheint indes auch das Ergebnis einer Politik zu sein, die aus Verunsicherung Nutzen zieht. Daß konservative Innenpolitiker jede Möglichkeit nutzen, und sei es die Fehlinterpretation der Kriminalstatistik, nach einer Verschärfung der Gesetze und einer Aufrüstung der Polizei zu rufen, ist bekannt und hinreichend kritisiert. Weniger vertraut ist der Gedanke, daß das Spiel mit der Angst heute auch von anderen Lobbyisten gewinnbringend eingesetzt wird: Sozialarbeiter brauchen ein Jugendproblem, die feministische Lobby benötigt die Behauptung, Vergewaltigung könne jede Frau jederzeit treffen, damit entsprechende Programme finanziert werden. Daß «jeder Mann potentiell ein Vergewaltiger» («Emma») und fast jede Frau als Kind sexuell mißbraucht worden sei, ist statistisch zwar noch weniger belegbar als die These von der zunehmenden Verrohung der Jugend, gewinnt der Angstlücke aber wenigstens ein paar Frauenparkplätze in der Tiefgarage ab. Das alles findet bereitwillig Unterstützung der Medien, die von «Kriminalitätswellen» erzählen, Hitlisten der Bedrohung aufzeichnen und mit «Kriminalitätsuhren» (alle elf Minuten..., jede zweite Stunde) dem Bürger und vor allem der Bürgerin suggerieren, die Bedrohung rücke immer näher.

Mit anderen Worten: die Diskrepanz zwischen der Wahrscheinlichkeit, Opfer eines Verbrechens zu werden, und der Angst davor ist auch Ergebnis einer Politik, die sich populistisch an die Mehrheit der Wähler, an die Frauen und die Älteren, wendet; die opportunistisch die Interessen mächtiger Lobbies bedient, und die das Gemeinwohl nicht, wie es ihre Aufgabe wäre, im repräsentativen Prozeß der Interessenabwägung ermittelt und ihm Geltung verschafft, sondern als moralische Standpauke gegen «den Bürger» und «die Gesellschaft» in Anschlag bringt. Daß diese Gesellschaft eine Ansammlung von Egoisten und Hedonisten sei, immer «verrohter» und «brutaler» werde, unter Werte- und Orientierungsverlust leide und eine neue Moral brauche, behaupten vorzugsweise die, die es soeben verabsäumt haben, gemeinwohlorientierte Politik zu machen – aus Angst, ein wichtiges Wählersegment zu verprellen.

Wenn es denn nicht die «allgemeine Orientierungslosigkeit» ist, die den Zusammenhalt dieser Gesellschaft gefährdet, dann ist es sicher eine Politik, die das Auseinanderstreben der gesellschaftlichen Gruppen eher fördert denn verhindert. Wobei zur Projektion massenhafter Ängste heute nicht nur die alten Sündenböcke wie die Juden, die Schwarzen, die Ausländer taugen, sondern auch die Männer, die Jugend, die «Emanzen», die Stammtischbrüder, die kinderlosen Rentnerinnen. Wenn uns schon der äußere Feind abhanden gekommen ist: im Innern gibt es ihn noch. Auch er dient, wie die Drohung mit dem «Schwarzen Mann», der Disziplinierung der Bürger.

Andererseits, der Politik und den Politikern zur Seite gesprungen, was wäre denn «das Gemeinwohl» jenseits der Summe aller divergierenden Interessen? Daß irgend etwas dem Allgemein-, dem «Gattungsinteresse» entspräche, ist schließlich die vertraute ideologische Sprache jener, die das Partikularinteresse ihrer Lobby zum Menschheitsanliegen aufwerten möchten. Dabei mag das wirkliche Problem just darin liegen, daß sich Menschen heute völlig neu zueinander vermitteln müssen, weil ihre Probleme neu und einzigartig geworden zu sein scheinen.

Fröste der Freiheit

Vielleicht hilft es weiter, wenn man sich die ungeheuerlichen Veränderungen vor Augen führt, mit denen Menschen seit, sagen wir: der Jahrhundertwende Jahr um Jahr umgehen müssen, Veränderungen, die sie von alltäglicher Lebensnot und Todesangst weitgehend befreit und die ihnen zugleich ein völlig neues Spektrum von Entscheidungszwängen auferlegt haben. Entscheidungen, die sie bewältigen müssen, ohne Gebot, Trost, Rat und Stütze bei den klassischen dafür vorgesehenen Institutionen zu finden: den Kirchen, der autoritären Obrigkeit, dem von Generation zu Generation durch die Familie weitergereichten Verhaltenskanon, dem Berufsethos des Handwerks oder der Klasse. Es ist atemberaubend, welche existentiellen Entscheidungen heute ein Mensch treffen *kann*, aber oft, auch noch völlig allein, treffen *muß* – von der Entscheidung für bzw. für *welche* Kinder bis zu der über das eigene Geschlecht, die eigene Physiognomie, den eigenen Tod.

Eine ungeheuerliche Umwälzung verbirgt sich allein hinter der Tatsache, daß die Lebenserwartung in den Industriegesellschaften enorm gestiegen und die Geburtenrate drastisch zurückgegangen ist. Wir leben, im Vergleich zum 19. Jahrhundert, in einer völlig verwandelten Welt, in der Menschen unter 20 Jahren zu einer Minderheit geworden sind, während die Älteren und Alten dominieren. An dieser Tatsache wird sich im nächsten Jahrhundert nichts ändern, im Gegenteil: die Alten sterben immer später, und von unten wächst nichts nach. Mal abgesehen davon, daß das Lamento einigermaßen unsinnig ist, die Deutschen stürben aus – ein angesichts der explodierenden Weltbevölkerung einigermaßen uninteressantes Schicksal –, so ändert sich doch damit die ganze Textur unserer Gesellschaft. Was heißt das alles für eine durchschnittliche Lebensbiographie, für den Anteil und die Bedeutung von Arbeit in den verschiedenen Lebensabschnitten, für das Verhältnis zwischen den Generationen, für Wohnungs- und Verkehrspolitik, für *Öffentlichkeit* – für die es ja, wie zu demonstrieren war, nicht unerheblich ist, ob ihr Rhythmus, ob die Anordnung und die Bewegung der Körper von den jungdynamischen Altersgruppen bestimmt ist oder ob sie vom freundlichen Mütterlein dominiert ist, ob Kinder sie prägen oder unmütterliche berufstätige Frauen oder an der Straßenecke rauchend plaudernde Männer?

Die Welt, das ist wahr, hat größere Revolutionen verkraftet.

Aber worauf die menschliche Biologie oft blitzartig reagiert, dazu braucht der menschliche Verstand – und, ja, auch das Gemüt – meist etwas länger. Menschen heute stehen ja nicht nur unter einem enormen Entscheidungszwang. Zugleich wächst das Gefühl, daß auch die allerpersönlichste Lebenswahl innerhalb der Verstrickungszusammenhänge der Risikogesellschaft globale Wirkungen haben kann. Vom eigenen Handeln sieht mancher das Überleben des Globus abhängig – ein apokalyptischer Zusammenhang der Allzuständigkeit des Individuums, das sich zugleich allhilflos fühlen muß. Das Ethos oder auch die Moral, mit der wir dem allen begegnen können oder wollen, muß noch erfunden werden.

Da Menschen Orientierung brauchen und die wenigsten moral- und wertfrei in den Tag hinein leben, weshalb wir uns die Moralpredigten schenken sollten, mit denen wir einander zur Ordnung rufen, setzen sie sich offenbar mehr und mehr ihre eigene Moral zusammen. Derlei «Situationsmoral», wie sie auch den Erfordernissen moderner Arbeitsprozesse entspricht, die Ad-hoc-Regeln anstelle starrer Gesetze brauchen, enthält womöglich nur noch schwache Erinnerungen an jene «Minimalmoral», die gerade noch allgemeinverbindlich zu sein scheint. Individuelle Moralen sind miteinander schwer noch kompatibel – Zeichen für die schwindende Integrationskraft moderner Gesellschaften?

Vielleicht. Denn wo Verständigungsregeln fehlen und Situationen diffus werden, wächst die Sehnsucht nach Eindeutigkeit, Entweder-Oder, Schwarz oder Weiß. Was viele als reale Gewalttätigkeit empfinden, ist womöglich die Antizipation jener Körpersprache, die wirklich eindeutig ist: Gewalt ist in einer Situation, in der keine andere allgemein anerkannte Währung mehr existiert, die schnellste Methode, zu einer eindeutigen Klärung zu kommen – «so oder so».

Die auffallende Körpersprache auf Straßen und Plätzen signalisiert – vielleicht –, daß in der Öffentlichkeit andere Kommunikationen nicht mehr funktionieren als der direkte körperliche Austausch: in der explosiven Abgrenzung voneinander. «Vermittlung» scheint nur noch über Medien, also über Distanz zu funktionieren: weshalb das Telefon heute die absolute Priorität gegenüber allen anderen mit physischer Präsenz verbundenen Kommunikationen genießt. Mit dem Leibhaftigen gelingt keine Interaktion mehr, nur noch mit dem Fernen. Und ob mit alledem zusammenhängt, daß auch die Politik als Vermittlungsinstanz auszufallen scheint – zugunsten einer populistischen, fernsehgerechten Unmittelbarkeit? Dem nackten Menschen entspricht, sozusagen, das Plebiszit – als unmittelbarer Ausdruck gegenwärtiger Volksstimmung, klimaabhängig, aber ohne einen einzigen dazwischengeschalteten Vermittlungsschritt. Ein Kaiser ohne Kleider. Nackt. Unverfälscht. Und ohne Raffinement.

III
Bedient sein

«Es kostet beinahe nichts, um für stolz,
unhöflich, arrogant, undankbar gehalten zu werden; noch
weniger gehört dazu, in allem für das Gegenteil zu gelten.»

La Bruyére

Kalter Konsum

Deutschland ist ein Paradies für Kontaktmuffel mit null Bock auf soziale Nähe. Wer will, kann die Begegnungen mit anderen aufs Allernötigste beschränken und als Held der Einsamkeit durchs Leben gehen, denn alle wichtigen Funktionen und Transaktionen im Leben eines Menschen sind bereits halb- bis vollautomatisch reguliert. Dem noch immer nicht wegrationalisierten menschlichen Restbestand kann man problemlos ausweichen: Der Mann, der zum Ablesen des Gaszählers in die Wohnung kommt, pflegt dies schließlich zu Tageszeiten zu tun, zu denen früher, als es sie noch gab, nur die Hausfrau anzutreffen war. Auch der Paketbote läßt sich vermeiden; seine Gaben kann stellvertretend der arbeitslose Nachbar annehmen.

Beim Supermarkt, in dem wir uns unser Gemüse selbst abwiegen – denn «Niemand bedient Sie so gut wie Sie selbst!», wie die Strategen einer großen Lebensmittelkette unverfroren für die Kundenarbeit werben –, pflegt man auf das leidige Grüßen und Lächeln sowieso zu verzichten, wenn es an der Kasse ans Zahlen geht. Und den Kontakt mit der Bank wünscht auch diese selbst aufs Äußerste zu reduzieren, weshalb das Geld aus dem Geldautomaten kommt und die Kontoauszüge aus dem selbstbedienten Kontoauszugsdrucker, nicht nur, weil die Kunden gelehrig sind, sondern auch, weil die Banken Strafgebühren erheben, will man von den neuen Freiheiten, die sie zu bieten vorgeben, keinen Gebrauch machen. Außerdem haben wir alle Günter Ogger gelesen und auf die muffigen Gesichter des notorisch auf Lehrlingsniveau verweilenden Schalterpersonals langsam keine Lust mehr. Wer eine Auskunft über Zugverbindungen braucht, konferiert am besten mit dem Computer namens «Karlchen», und der Telefonauskunft «Auf Wiedersehen» zu sagen, fällt zeitsparend flach, seit die Ansage der gewünschten Rufnummer synthetisch erfolgt.

Wer sich das Leben anders wünscht, hat schlechte Karten. Der

Taxifahrer möge doch behilflich sein, wenn es darum geht, den schweren Koffer in den Kofferraum zu hieven? Fehlanzeige. Freundliche Begrüßung im Hotel, sobald man sich der Rezeption nähert? Man telefoniert dort entweder oder klappert auf einer Computertastatur. Etwa so ähnlich geht es in den meisten Arztpraxen zu. Ein freundliches «Kann ich Ihnen helfen?», nachdem man das Kleidergeschäft betreten hat? Kommt selten vor. Es würde im Zweifelsfall den Umsatz allzusehr ankurbeln.

Daß dieses Land eine Dienstleistungsgesellschaft sein soll, müssen wir als ein Gerücht verdächtigen. Vielmehr werden Kunde und Kundin allerorten zum Selbermachen aufgefordert – und der gut Angepaßte steuert deshalb den Fotokopierautomaten oder den Kleiderständer völlig selbsttätig und ohne unnötige Kommunikation an, um am Ende auch noch klag- und sprachlos zu bezahlen. Die Selbstbedienung ist den Kunden längst zur Pflicht gemacht worden, ohne daß sich dieser Rationalisierungseffekt in kundenfreundlichen Annehmlichkeiten wie niedrigen Preisen niedergeschlagen hätte – bei den Banken ganz sicher nicht.

Kundendienst ist aus der Mode. Das liegt keineswegs am Rationalisierungsschub allein, der sich in den letzten Jahren vollzogen hat. Denn auch die verbliebenen Menschen mit Kontakt zu jenem offenbar ungeliebten Wesen, dem gemeinen deutschen Normalverbraucher, zeichnen sich nicht gerade durch übertriebenes Bemühen um das bißchen Aufmerksamkeit aus, das ihnen wohlerzogene Konsumenten heute überhaupt nur noch zumuten. Denn die meisten von uns ließen sich mittlerweile sogar einen FCKW-Kühlschrank aus russischer Produktion mit solidem Kilowatt-Verbrauch aufschwatzen, wenn sich drumherum auch nur ein bißchen Freundlichkeit und Zugänglichkeit abspielte. «Wir könnten unsere Vertriebsleistung im Inland um 25 Prozent steigern», hat der Chef der Deutschen Bank, Hilmar Kopper, einmal völlig richtig erkannt, «wenn sich alle Beschäftigten angewöhnen, jeden Kunden, den sie sehen, freundlich zu begrüßen.» 25 Prozent Umsatzzuwachs für ein bloßes «Guten Tag»! Wir sind hierzulande wirklich nicht mehr verwöhnt.

Diese Zahl dürfte realistisch und beliebig zu übertragen sein – auf große Kaufhäuser und kleine Boutiquen, auf Restaurants und Fluglinienschalter, in denen es das Verkaufspersonal mehrheitlich meisterhaft versteht, den Kunden klarzumachen, daß sie ein Störfaktor sind und nur Arbeit machen, sie also vom Eigentlichen & Wesentlichen abhalten. «Haben wir nicht», «Gibt es hier nicht» oder «Das trägt man nicht mehr» sind die Argumente, an die Kunden sich gewöhnen müssen, wenn sie Wünsche vortragen; Ignorieren und Abwimmeln sind die gängigen Verhaltensmuster, die selbstbewußte Kundschaft indes zu quittieren gelernt hat: durch ebenso eisiges Schweigen oder durch hinterhältige Rache an der desinteressierten Schuhverkäuferin, die man zur Strafe möglichst oft ins Lager hetzt.

Der wechselseitige Lernprozeß, der sich da seit ein paar Jahrzehnten abspielt, trifft, wie es das Schicksal ja meistens will, vor allem die gutwilligen Kräfte beider Seiten. Der gutherzige Käufer etwa wird lieber geduckten Hauptes durch die Regalreihen schleichen und eben gehen, wenn er das Gewünschte nicht findet, als daß er das Personal belästigte, das sich gerade lautstark austauscht über die empörenden Eigenschaften von Gerda («Und dann sagt sie auch noch») und Kurt («Kommt er doch tatsächlich an und»). Unter Garantie trifft er selten bis nie auf jene eine zum Dienst am Kunden bereite Person, die mit dem Satz «Kann ich Ihnen helfen?» schon zahllose andere Verbraucher so verwirrt hat, daß sie demnächst sicher beschließen wird, sich ihn abzugewöhnen. Und so ungerecht geht es weiter: Wagen wir einmal, uns zu beschweren, so trifft es mit Sicherheit einen, der Kritik nicht verdient hat, sonst hätte er schon längst die Zeichen des Sturms erkannt und das Weite gesucht, in dem es bekanntlich das meiste zu tun gibt.

Also: lieber nichts sagen. Denn gutwillige Kunden sind sich dessen völlig bewußt, daß Verkaufs- und Kundendienstpersonen schlecht bezahlt und überhaupt ausgebeutet werden, daß sie allesamt was Besseres verdient hätten und eigentlich auch nur zufällig, aus Versehen oder vorübergehend hier arbeiten. Als ich den Verkäuferinnen in einem großen Schuhgeschäft einmal beiläufig sagte, ihre Skisocken seien nicht gerade von der haltbaren Sorte, bekam ich zur Antwort, dafür könnten sie nichts, sie würden sie nicht selber stricken. Gelächter. Mich hat's belehrt. Vor allem über den Unsinn eines Systems, das abhängig Beschäftigte nicht dafür belohnt, daß sie unter Einsatz aller Freundlichkeit dem Kunden gegenüber Schaden vom Unternehmen abwenden und den Umsatz steigern. Wir «Verbraucher» hätten wahrscheinlich gar nichts gegen ein bißchen Erhöhung der Profitmarge, wenn unser Lebensgefühl dabei mit gesteigert würde. Sonst können wir ja gleich zu den Großkampfstätten des Konsums auf der grünen Wiese gehen. Was wir zunehmend auch tun und was, im Verbund mit rigiden Ladenschlußzeiten, zu jener «Verödung der Innenstädte» beiträgt, die hernach alle beklagen.

Was Öffentlichkeit auf Straßen und Plätzen prägt, nämlich Beziehungslosigkeit, setzt sich an all den anderen Orten fort, an denen Menschen früher Umgang miteinander pflegten, weil ihnen nichts anderes übrigblieb. Heute geht's auch ohne. Kulturkritischer Einwand, hiermit antizipiert: Ist das nicht typisch für die kalte Konsumwelt, die Ellenbogengesellschaft des Spätkapitalismus, für die Entfremdung, die Vereinsamung und die soziale Armut in der bürgerlichen Gesellschaft? Nun – ja. Schon auch. Aber...

Geld macht frei

Haben wir hierzulande eine eiskalte Ellenbogengesellschaft und hatte die DDR zwar vieles nicht, dafür aber eines reichlich: soziale Wärme? War die DDR ein Land der Freundschaften, voller solidarischer Aufmerksamkeit füreinander und mit Talent zur Improvisation? Geht es nicht in der Bundesrepublik ganz anders zu: ohne Solidarität, ohne Mitgefühl, ohne das, was eine Gemeinschaft schön, gut und wärmend macht?

Vor allem westdeutsche Meinungsbildner stimmen dem gern zu, denen Kritik an den Auswüchsen des Kapitalismus zum Habitus geworden ist. In der DDR, glauben auch sie, ging es karger, bescheidener, aber eben: wärmer zu – ein Klimazustand, der in den letzten Jahren nachgerade zum unveräußerlichen Erbteil des ansonsten schnöde enteigneten Ostens geworden ist; zur «Identität», die man als Ostdeutscher einzubringen wünscht und als Substanz der bloß formalen Organisation der Dinge entgegenhalten möchte: dem formalen Regelwerk der Demokratie ebenso wie der kalten Rechenhaftigkeit der Geldbeziehungen.

Die DDR – das Land der Freundschaften also. Warum aber brach dieses filigrane Netz der Beziehungen in Windeseile zusammen, als nach der Wende und vor allem nach der Währungsunion das ökonomische Gefüge der DDR insgesamt seinen Geist aufgab? War die westdeutsche Ellenbogengesellschaft schuld? Warum aber erwiesen sich die in der Mangelwirtschaft erworbenen inneren Werte als so wenig widerstandsfähig der kalten Glitzerwelt des Westens gegenüber?

Der Schriftsteller Wolfgang Hegewald, der die DDR sechs Jahre vor dem Fall der Mauer verlassen hat, gelangt zur nüchternen Hypothese, die Teilhabe an einer der vielen Gemeinschaften in der Nischengesellschaft der DDR sei dem Besitz einer Währung gleichgekommen, habe sozusagen Anteilscheine verkörpert an jenen nicht offiziell, sondern in den Freundschaftskreisen zirkulierenden Diensten und Waren. Man war einander verbunden, weil man einander Vorteile gewährte. Man war herzlich und dankbar jedem gegenüber, von dem man sich etwas erhoffen durfte – bis hin zur Servilität. «Wo das Äquivalent in den Geschäften und Beziehungen nicht klar definiert war», argumentiert Hegewald, «wurde die Herzlichkeit zur wesentlichen Geschäftsgrundlage.»

Die soziale Wärme der DDR – nichts als eine Schimäre, nichts als aufgesetzte, instrumentelle Gefühligkeit, unauthentisch, unehrlich? Das wäre ein möglicher Befund. Ein typisch deutscher, unterstellt er doch, nur die tiefe und ehrliche Freundschaft sei das Erstrebenswerte und die den Vorteil suchende Herzlichkeit verfalle als bloße Äußerlichkeit schon der Kritik. In anderen Kulturen wird das bekanntlich anders gesehen: dort, wo die diplomatische Kunst der Verstellung etwas gilt, wo Höflichkeit als geselliges Spiel nach Regeln aufgefaßt wird und wo man sich an der Geste freut, ohne zu fragen, ob sie denn auch von ganzem Herzen komme, ist die Suche nach dem authentischen Gefühl weniger stark verbreitet als hierzulande.

Daß die filigranen Netzwerke der Beziehungen von Vorteilssuchenden so schnell zerbrachen, als mit der DM eine härtere Währung ins Spiel kam, liegt denn womöglich auch gar nicht an der Abwertung, die sie dadurch erfuhren, daß ihr instrumenteller Charakter durchschaut wurde. Vielleicht war manch einer sogar froh, sein Quantum auszustrahlender Herzlichkeit reduzieren zu können. Wo man einen Gegenstand oder eine Dienstleistung ohne Verhandlungsgeschick oder Unterwürfigkeit oder gute Laune, sondern schlicht und ergreifend gegen Geld erwerben kann, verliert der soziale Akt des Tauschgeschäfts seinen Charme und seine Bedeutung. Er verliert aber auch seine Zwanghaftigkeit. Vor allem aber hat es ein Ende mit der unendlichen Begünstigung all jener, die schöner, freundlicher, besser erzogen oder sonstwie tugendhafter und sozial anerkannter sind als andere. Wer Geld hat, muß nicht mit seinen Charaktereigenschaften werben.

Frauen, die, wir erinnern uns vielleicht, auch in Westdeutschland noch nicht lange geschäftsfähig sind oder über mehr als gerade das Haushaltsgeld verfügen können, wissen um das Gefühl der Befreiung, das einsetzt, wenn sie einmal nicht mehr warm lächelnd um eine Vergünstigung bitten müssen, um einen Gefallen, um ein Entgegenkommen, sondern die Rechnung begleichen können, womöglich ganz ohne den geschlechtsspezifisch freundlich verzogenen Mund. Es kann auch weiland in der DDR nicht immer Spaß gemacht haben, den Autowerkstattbesitzer zu charmieren oder den Apotheker zu hofieren, wenn man eine kleine, aber lebenswichtige Dienstleistung oder Ware benötigte – ganz zu schweigen von der Unerfreulichkeit, den minderen und mittleren Funktionären der Staatspartei schmeicheln zu müssen.

Ähnliches gilt für den Westen: sowenig man den offenbar unaufhaltsamen Zug dieser Gesellschaft zu einer Selbstmach- und Mitmachveranstaltung schätzen kann, wenn man seine Zeit lieber mit

Dingen verbringt, auf die man sich besser versteht als Kontoauszugsdrucker bedienen, Gemüse abwiegen, Möbel zusammenschrauben und Autos reparieren, so sind doch die Vorteile einer
Autonomie nicht zu leugnen, die Kommunikation nicht weiter erheischt – nicht jeder menschliche Kontakt hierzulande nämlich gerät zu einer freudvollen Veranstaltung voller Wärme und Vorbild-
lichkeit für das größere Ganze. Der Drang der Frauenbewegung
der siebziger Jahre raus aus den Stöckelschuhen und ran an den Wa-
genheber fand deshalb so ein großes und berechtigtes Echo in
Frauenkreisen, weil manch eine keine Lust mehr hatte, um jeden
Kleinkram einen Mann anhimmeln zu müssen, der sich für seine
minderen Dienste blöde Sprüche und abschätzende Blicke glaubte
herausnehmen zu können.

Geld macht frei. Geldverkehr reduziert die Anteile des unendlich
verkrüppelnden, einengenden Gemeinschaftelns am gesellschaftlichen Geschehen. Die Mehrheit der Partizipanten am «soziale
Wärme» titulierten direkten Tauschverkehr der Nischengesellschaft der DDR hat, möchte man deshalb annehmen, dieses Netzwerk durchaus dankbar verlassen. Betrogen bleiben jene zurück,
die das Kapital überreichlich entwickelt haben, das damals guten
Gegenwert garantierte: jene DDR-eigene Herzlichkeit und
Freundschaftlichkeit, mit der man sich heute nichts Rechtes mehr
kaufen kann.

Nüchtern betrachtet, war die soziale Wärme der DDR eine
Zwangsjacke der Gemeinschaft, nicht der Gesellschaft oder der Geselligkeit. Aber was sind Zusammenrottungen von Menschen
denn anderes als Bündnisse zur Maximierung des individuellen
Vorteils? Nicht Gefühlsentäußerungen sei Menschen abgefordert,
wenn sie sich innerhalb dieser Bündnisse bewegen, sondern Einsicht in die Tatsache, daß ihr Wohl vom Wohl aller abhängt und daß
sie für die Vorteile, die ihnen das Gemeinwesen gewährt, in irgendeiner Münze zu zahlen haben. Wenn sie dann noch nett zueinander
sind – um so besser. Daß die alten Zeiten gut gewesen seien, weil
die Gemeinschaft enger und die Familien größer gewesen seien, ist
schon lange als Kinderglaube enttarnt. Wenn die materielle Not sie

nicht aneinander band, haben sich Menschen schon immer gerne voneinander entfernt und die Gefühle zueinander aus der Distanz gepflegt. Erst die Freiheit von Bindungen erlaubt zumeist, die Freude an ihnen zu entwickeln.

Aber wäre es für diese Freude hierzulande nicht mal langsam an der Zeit? Daß auch der Beziehungen und Gefühle aller Art nicht notwendig voraussetzende rechenhafte Geldverkehr nicht ohne Regeln verläuft und es nichts schadete, ersetzte man die schein-authentische Herzlichkeit durch ein bißchen den gesellschaftlichen Umgang ungemein hebende Höflichkeit, hat sich hierzulande noch nicht so richtig herumgesprochen. Vom einen wünschen wir zu-viel – «echte, authentische» Herzlichkeit –, vom anderen geben wir zuwenig. Schade eigentlich.

Bon Marché

Wenn schon die DDR-spezifische solidarische Wartegemeinschaft vorm HO kein soziales Vorbild darstellt – der westdeutsche Um-gangston ist das erst recht nicht. Das Verlernen der elementarsten Regeln der menschlichen Kontaktaufnahme in jenem Bereich, der hierzulande noch immer «Dienstleistung» genannt wird, ist ekla-tant. Auch das hat handfest materielle Gründe.

Nichts hat sich nachhaltiger auf die Öffentlichkeit in den Groß-städten (aber auch auf dem Land) ausgewirkt als die Entstehung und der Siegeszug von Festpreisen, Supermärkten und Selbstbedie-nung. Mit diesem Triumphzug ist etwas untergegangen, das nicht nur das gesellschaftliche Leben, sondern auch die Begrifflichkeit der politischen Sphäre geprägt hat: Das Handeln und Feilschen, die Kompromißbildung zwischen zwei Parteien mit unterschiedlichen Interessen. Liegt nicht die Vermutung nah, daß, seit das Aushan-deln, das *Bargaining* zur Ausnahme geworden ist, nicht nur die Zahl alltäglicher sozialer Kontakte abgenommen hat, sondern auch jene Übung im Aushandeln von Interessenkonflikten, die nicht nur ein-stens sicher im sozialen Umgang machte, sondern Grundlage wie

Begrifflichkeit der politischen Öffentlichkeit prägte? Sind Lobby-
ismus und Populismus die typischen Degenerationserscheinungen
einer Politik, der das Aushandeln abhanden gekommen ist – so, wie
das Plebiszit dem Hang zum Unbedeckten, zum Unvermittelten
entspricht?

Festpreise für Waren haben sich erst seit der Mitte des 19. Jahrhunderts langsam durchgesetzt. Der 1852 von Aristide Boucicault
in Paris eröffnete «Bon Marché» zeichnete sich durch drei Neuerun-
gen aus: jede Ware hatte einen festen Preis, mit dem sie deutlich
sichtbar ausgezeichnet war; die Handelsspanne sollte bei jedem einzelnen Artikel klein, dafür die Menge der umgesetzten Waren groß
sein; jeder konnte das Geschäft betreten und sich umsehen, ohne
zum Kauf gezwungen zu sein. Was heute den Einkauf aller möglichen Waren in fast allen Großstädten der Welt zur einfachsten Sache macht, ohne daß man auch nur ein Wort der einheimischen
Sprache beherrschen muß, ist also ein vergleichsweise junges Phänomen: Einkaufen können, ohne daraus einen sozialen Akt machen
zu müssen.

Bevor über die gesellschaftlichen Kosten des Verschwindens der
Dienstleistung zu reden ist, sei ein letztes Mal das Loblied auf die
Selbstbedienung angestimmt. Denn daß der Erwerb von Gütern
des alltäglichen Bedarfs auf den Märkten vergangener Zeiten eine
freudvolle Veranstaltung gewesen sei, daß das Feilschen zwischen
Geschäftspartnern bei Tee und Wasserpfeifchen immer friedlich
war, wird nur behaupten, wer sie mit touristischen Erlebnissen auf
französischen Wochenmärkten oder exotischen Basaren verwechselt. Das unerbittliche Verhandeln, in dem es dem einen um einen
möglichst hohen Preis für das Ergebnis harter Arbeit ging, dem
anderen darum, das Haushaltsbudget oder das Geschäftskapital
möglichst wenig zu strapazieren, dürfte vielmehr, es ging schließlich allen um die Existenz, schweißtreibend, langwierig und stets
vom Scheitern bedroht gewesen sein. Völlig andere Tugenden waren meist mit im Spiel als die Qualität der Waren und das Geldange-
bot des Käufers allein, zumal dann, wenn sich die Handelspartner
nicht kannten: Phantasien über die Glaubwürdigkeit des Verkäu-

fers – war er ein Betrüger? Oder war er, im Gegenteil, leicht zu beeindrucken, entweder durch Einschüchterung oder durch das einnehmende Wesen der Käuferin? Wie heute beim Tennis mußte man früher auch auf den untersten Rängen der Geschäftswelt mental verdammt gut drauf sein und den anderen genau taxieren können, um aus dem Schlagabtausch als Sieger hervorzugehen. Verhandlungsgeschick war Geld wert.

Der *Bon Marché* des Monsieur Boucicault entwertete dieses Kapital weitgehend. Er machte den Spielvorteilen ein Ende, die beim Feilschen jenen zufielen, die netter aussahen oder ein freundlicheres Wesen hatten oder respekteinflößend auftraten. Gleichheit kehrte ein, was auch den Schüchternen und Schwächeren eine Chance ließ. Der Verzicht auf aufwendige Verkaufsgespräche bedeutete zudem einen ungeheuren Zeitgewinn – einen Zeitgewinn, der heute allerdings längst aufgefressen wird durch die Zunahme all jener Tätigkeiten, die der Kunde jetzt selber zu erledigen hat: vom Abwiegen des Gemüses bis hin zur Zusammensetzung des Ikea-Regals.

Das Billy-Prinzip

Die Selbstbedienung und das Selbermachen haben mittlerweile ganze Berufszweige zum Verschwinden gebracht und nehmen einen immer größeren Anteil jener Zeit ein, die wir Freizeit zu nennen pflegen. Das «Ikea-Prinzip» drückt eine dieser Wandlungen besonders treffend aus. Das schwedische Möbelhaus wirbt für seine Produkte nicht nur über niedrige Preise, sondern mit Mobilität und vor allem mit einer Ideologie der Selbsttätigkeit, die mitten ins Herz des Lebensgefühls der siebziger Jahre traf, als Ikea seinen Siegeszug auch in Deutschland antrat. Ikea-Möbel sind nicht nur für alle erschwinglich, sie sind auch leicht zu transportieren und, vor allem, kinderleicht (und damit, wie man in der Werbung gern betont, auch von Frauen) zu handhaben. Dieser ganze Prozeß, der damit beginnt, daß man bei Ikea auf der grünen Wiese das zerlegte und verpackte Teil erwirbt, es im eigenen, mit einer auf solche Aktivitäten abzielenden Heckklappe ausgestatteten Kleinwagen nach Hause bewegt und dort, ohne Handwerkszeug oder Vorkenntnisse haben zu müssen, zusammenschraubt, setzt auf eine Realität, die gleich mehrere seit der Erfindung des bürgerlichen Hausstandes als verbürgt geltende Merkmale nicht mehr aufweist.

Die Ikea-Möbel sind keine solide gearbeiteten Handwerksstücke, sondern Fließbandware, die der Kunde selbst weiterverarbeiten muß. Sie sind nicht der Wohnsituation angepaßt, also maßgefertigt, sondern so konstruiert, daß man sie selbst zu fast jeder Wohnung passend machen kann. Das erleichtert den Wohnungswechsel. Mobilität heißt auch, sie selbst transportieren zu können. Das spart Geld, und: in welcher Wohnung ist heute noch tagsüber stets jemand anzutreffen, der eine Möbellieferung entgegennehmen könnte? Wo, wie in den Single-Haushalten, also in jedem zweiten städtischen Haushalt, niemand die Tür aufmachen kann, während der Haushaltsvorstand und die -vorständin gerade dem Gelderwerb nachgehen, müssen die Individuen selber ran. In Abwesenheit von Hausfrau und Hauspersonal erwerben sie Ikea-Mobiliar auch deshalb, weil dessen Werterhalt (es hat keinen) keiner aufwendigen Pflege mehr bedarf, die niemand ihm mehr angedeihen lassen könnte. Das Ikea-Prinzip bekräftigt das Ende von Dienstbotengesellschaft und Hausfrauenehe.

Ikea macht überdies unabhängig auch von Leistungen, für die man zuvor auf einen Handwerker oder wenigstens auf die Axt im Hause, sprich: den Mann angewiesen war. Das kommt auch den vielen arbeitenden und allein lebenden Frauen entgegen, die es wahrscheinlich noch immer eher als Vorteil ansehen, niemanden mehr zu brauchen für kleine lebenspraktische Handreichungen, für die Frauen früher regelmäßig mit freundlichen Zuwendungen zahlen mußten. Daran wird es liegen, daß «Selbermachen» weder mit Mehrarbeit noch mit Schwarzarbeit assoziiert wird, sondern mit Selbstverwirklichung und Emanzipation – statt das Phänomen korrekt als Ende der Dienstleistungsgesellschaft, Untergang des Handwerks, Mehrfachbelastung (nicht nur der Frauen) und Aushöhlung des Freizeitbegriffs zu analysieren.

Daß Ikea, wie viele andere ähnliche Betriebe auch, auf Festveranstaltungen, Wettbewerbe und Kummerkästen angewiesen ist, um etwas über die Wünsche der Kunden, ihre Zufriedenheit oder deren Abwesenheit zu erfahren, ist logisch. Eine Kommunikation über die Qualität der Ware kann ja auch nicht mehr stattfinden – oder soll man sich an die wenden, die als Lagerarbeiter ein marginales Dasein in den Verkaufshallen auf der grünen Wiese fristen? Auch erfährt man häufig erst zu Hause, kilometerweit entfernt, welches mindere Stück man sich angetan hat. Und insbesondere die Kundin erlaubt sich die Selbstzweifel, ob es nicht möglich wäre, daß erst die eigene Tätigkeit, das Zusammenschrauben, dem guten Stück den Rest gegeben hat? Die Kommunikation über das, was der Kunde will, ist vor Ort längst zusammengebrochen und wird konsequenterweise den Marktforschungsinstituten überlassen. Wir Endverbraucher leiden und schweigen.

Also: alles wird immer schlechter? Wahrscheinlich. Oder auch nicht. Aber darauf will ich nicht hinaus, denn lehrreicher ist die Ambivalenz solcher Entwicklungen. Sie stärken die Autonomie des einzelnen, schwächen indes seine Neigung und seine Übung darin, Ergebnisse in der Zusammenarbeit mit anderen zu erzielen. An dieser Stelle fragen wir uns nicht länger, warum wir einander wie die sozialen Zombies begegnen – wir wissen es: Uns fehlt die Gelegenheit, die erwünschten Umgangsweisen einander beizubringen. Solcherlei Lernprozesse bleiben, wenn überhaupt, gerade noch der überschaubaren Ebene des Beziehungsgeprächs vorbehalten – also dem Nahbereich, der Intimsphäre, ausgerechnet jener Häuslichkeit, in der die Verständigung über das Nötige früher als selbstredend galt, während es die Außenwelt war, die dem einzelnen, dem Mann vornehmlich, dauernde Kommunikationsleistungen abverlangte. Verkehrte Welt.

Mit dieser Verkehrung werden wir leben müssen, sofern nicht die Rückkehr zur Mangelgesellschaft zwangsweise das Tauschgeschäft wiedereinführt. Wir könnten dann zwar, wie unsere Eltern und Großeltern, vom Abenteuer und der sozialen Herausforderung unserer Schwarzmarktaktivitäten schwärmen. Aber welch ein

Preis! Das Kompromißangebot: Die Wiedereinführung von Höflichkeitsregeln, die sich nicht der Notgemeinschaft verdanken, sondern dem Leben in der offenen Gesellschaft, die es uns – gottlob und leider – selbst überläßt, welche Beziehungen wir aufnehmen und wie wir sie definieren.

Komplettieren Sie selbst

Gute Restaurants werden eine Nummer schriller und teurer, kehren sie dort häufig ein; teure und schlechte Restaurants verdanken allein ihnen ihre Existenz: der Geschäftswelt, ihren Herren und deren seltsamer Angewohnheit, «Arbeitsessen» abzuhalten, was Menschen mit altertümlichen Maßstäben von Gesittetheit und Genußfähigkeit als Widerspruch in sich ansehen. Die eigenartige Tatsache, daß Männer, das piepsend sein Netz suchende portable Telefon immer an der Seite, Stätten gehobener Gastlichkeit aufzusuchen pflegen, um Speisen zu essen, von deren Qualität sie nichts verstehen, und lauthals ein Bier zu fordern, weil sie die Weinkarte nicht zu deuten vermögen, verdankt sich der Existenz der steuerrechtlichen Institution des Bewirtungskostenabzugs, weshalb die sich diesen zunutze machende Tafelrunde auch «Spesenritter» genannt wird. Die Spezies wähnt sich neuerdings vom Aussterben bedroht, was wir leider nicht begrüßen dürfen, denn wenn das barbarische Institut des Geschäftsessens zum Wegfall kommt, gehen nicht nur schlechte Restaurants in die verdiente Pleite, sondern auch noch jene wirklich guten gastlichen Stätten, die vom Ersparten der echten *Aficionados* allein nicht leben können.

Was nun droht den Geschäftsessern? Das Finanzministerium will ihnen für jede ihrer unnützen Ressourcenverschwendungen nicht nur detaillierte Quittungen abverlangen (eine datenschutzrechtlich nicht unbedenkliche Angelegenheit, worauf Meisterkoch Vincent Klink von der Wielandshöhe in Stuttgart zu Recht hinweist), so daß das gefällige Aufrunden der Rechnung künftig entfällt, sondern sie auch noch zwingen, sich das Trinkgeld vom Kellner quittieren zu lassen, wollen sie ihm welches zukommen lassen und es wie gehabt beim Finanzamt geltend machen. So kann auch die Kellnerin der steuerlichen Gerechtigkeit zugeführt werden, was diese nicht wenig empört. Man sieht: hier wird gegen mehrere Besitzstände auf einmal verstoßen – weshalb, wir kennen doch unsere Politiker, der Sache auch kein Erfolg beschieden sein wird.

Deshalb kann man an dieser Stelle auch das Finanzministerium völlig unverbindlich einmal loben – für eine brillante Idee mit überraschenden volkspädagogischen Auswirkungen. Denn mit dem Trinkgeld und seiner steuerlichen Abzugsfähigkeit wird etwas thematisiert, das einen nicht geringen Anteil am Niedergang der Eß- und Restaurantkultur hierzulande haben dürfte und sozusagen ein materieller Grund für die gestörte Kommunikation zwischen Gast und dienstbarem Geist ist.

Daß ein Geschäftsessen nicht immer – natürlich! –, aber wahrscheinlich viel zu oft Leute versammelt, die etwas gut finden, weil es teuer ist und sie nichts kostet, aber nicht, weil es ihnen schmeckt, ist sicherlich der schwerste Stein auf dem Grab der Gastkultur, der die Komatöse an der Wiederauferstehung hindert. Wofür man nicht bezahlt, damit gibt man sich in unseren Breiten auch keine sonderliche Mühe. Ähnlich ist es mit dem Trinkgeld: Vielleicht war es ja irgendwann mal eine persönliche Geste des Gastes jener Person gegenüber, die ihn und sie einen Abend lang aufs köstlichste umsorgt und verwöhnt hatte. Woraus gleich folgt, daß auch bei mangelnder Umsorgung die Geste des Gastes persönlich sein konnte – mit dem Trinkgeld nämlich zu knausern. Wo alle Beteiligten aber wissen, daß es lediglich ein Posten auf einer Rechnung ist, die dem Finanzamt als Beleg für betriebsbedingte Bewirtungskosten vorgelegt wird, ist die Geste hin.

Und damit ist eine weitere Art vom Aussterben bedroht, sich zu verständigen über das Gewünschte und Wünschenswerte. Daß über das Trinkgeld Gefallen oder Mißfallen des Gastes ausgedrückt wird, wie es in den USA üblich ist, die über prozentual weit mehr Dienstleistungsarbeitsplätze verfügen und in denen man fast überall noch ein hohes Kundendienstethos pflegt – es macht sich ja auch verdient –, ist hierzulande kaum noch präsent. Man wäre also gezwungen, wenn man nichts zu loben hat, direkt zu sagen, was einem nicht gefällt. Aber welcher Gast hat schon Lust, sich den ganzen Abend zu verderben mit einer Auseinandersetzung über die Umgangsformen derjenigen, die ihm diesen Abend zum Genuß machen *könnten*, wenn die erkennbar gar nicht wissen, wovon die Rede ist?

Der krasseste Fall, der mir jemals widerfahren ist, spielte sich im Jahre 1993 in einer Hotel-Bar ab – der einsamkeitsüberbrückenden Anlaufstelle für den Geschäftsreisenden und die Geschäftsreisende, in einem Hotel, das eigentlich keine üble Adresse war. Das junge Mädchen hinter der Bar im vorschriftsmäßigen Schwarzen brachte es fertig, vor einer Versammlung von drei einsamen Herren und einer einsamen Dame eine geschlagene Stunde lang intimste Gespräche mittels des zwischen Schulter und Ohr geklemmten portablen Telefons zu führen, ohne sich durchs Bierzapfen groß abhalten und gänzlich ohne sich von Aufmerksamkeit erheischenden Gesten oder unwilligen Mienen ihrer wenigen Gäste weiter irritieren zu lassen. Eine reife, eine begabte Leistung. Wie lange sie dann noch weitertelefoniert hat, weiß ich nicht, denn irgendwann bin ich Feigling wutschnaubend gegangen – ohne mich beschwert zu haben, denn sie hätte nicht verstanden, wovon die Rede ist.

Das sei eine Ausnahme? Nun ja – auf meine Frage, ob ein bestimmter Digestif da sei, antwortete sie «Weiß ich nicht», was mich haarscharf an jene fröhliche Kellnerin in einem gehobenen Frankfurter Bistro erinnerte, die ihrer nämlichen Antwort indigniert hinzufügte: «Ich trinke so was nicht.» Szenen, die man nie vergißt – und die vielleicht höchstens noch übertroffen werden von der Reaktion des jungen Mannes in einem netten Weimarer Restaurant, dem wir auf seine Frage, ob es denn geschmeckt hätte, wahrheitsgemäß antworteten, das Thüringer Brätel sei zäh wie Leder gewesen, weshalb es sich überwiegend noch auf unseren Tellern befände. Der brave Ossi sagte gar nichts, blickte dafür höchst wütend und schickte den Koch vorbei, der uns ebenfalls, wenn auch aus der Ferne, drohend anguckte. Kompensation wurde nicht geboten –

und wir, wohlerzogen und darauf aus, keinen Ostdeutschen zu
kränken, zahlten brav und gingen, um es weiterzuerzählen.

Wir hätten uns eben in den falschen Kneipen aufgehalten? Das ist
wahrscheinlich richtig. Denn von besonders schlechtem Ruf ist die
Mittelklasse im Sektor Bewirtung. In den eher preisgünstigen
Ebbelweikneipen und Heurigenbeisl, die ich kenne, geht es meistens keineswegs rauh, sondern nachgerade überströmend herzlich
und zuvorkommend zu, woraus man schließen könnte, daß man
sich auf der Basis der schmaleren Geldbeutel entschieden besser
darüber zu verständigen vermag, worauf es ankommt.

Nur bei wenigen der ganz feinen Restaurants ist immer schon
jemand da, um Wein nachzuschenken oder nach Wünschen zu fragen, noch bevor man auch nur die Augenbraue heben kann. Bei
anderen guten Restaurants genügt der fragende Blick. Bei zu vielen
Stätten zur Sättigung des Gastes reichen indes noch nicht einmal die
härtesten Kaliber der Kontaktaufnahme wie Armheben und Rufen.
Wer diesen Fehler in seiner Verzweiflung schon begangen hat, wird
jetzt vom Personal mit der Politik des abgewandten Blicks und der
kalten Schulter erst recht abgestraft. Menschen, die solches aus den
Szenekneipen und Bistros der Republik gewohnt sind und, wie in
anderen Bereichen der Gesellschaft ja auch, zur Selbsthilfe greifen,
indem sie sich die fehlende Serviette oder das benötigte Salzfäßchen
selbst organisieren, merken, daß sie sich ausnahmsweise in einem
guten Restaurant befinden, an der Reaktion des Kellners – spätestens dann, wenn der mit Schmerz auf den Zügen «Sie mißachten
mich, mein Herr!» sagt.

Es gibt sie noch, die Stätten gehobener Gastlichkeit, an denen
man nicht nur gut speist und trinkt, sondern auch gut behandelt
wird. Aber die überwiegende Mehrzahl kündet von jenem Lernprozeß, der auch anderswo zu beobachten ist: daß es nichts nützt,
sich zuvorkommend, freundlich und höflich zu verhalten, weil die
anderen es nicht zu würdigen wissen. Der unmanierliche Gast ist
am Untergang der Gastlichkeit mindestens ebenso schuld wie
schlecht ausgebildetes und mit Sicherheit weidlich ausgebeutetes
Personal, das sich wahrscheinlich, nur um den Abend zu überste-

hen, alle fünf Minuten «Das habe ich alles gar nicht nötig» sagt, was man ihm leider auch noch anmerkt.

Daß formvollendete Bedienung nicht von Versklavung zeugt, sondern, im Gegenteil, von einer unendlichen Überlegenheit jenen Gästen gegenüber, die sich nicht formvollendet zurückbenehmen und gar noch beim Trinkgeld knausern, hat sich ganz offenkundig noch nicht überall herumgesprochen. Vielleicht ist es auch vergessen worden – in einer Gesellschaft, in der mit dem Ersatz der Dienstboten durch Haus-, Ehe- und schlecht bezahlte ausländische Putzfrauen eine ganze Kultur des Verhältnisses zwischen Herrschaft und Bediensteten untergegangen ist.

Wir nivellierten Kleinbürger feiern natürlich, daß die Dienstmädchen von einst heute Sachbearbeiterinnen sind oder ihre Arbeit als Hausfrauen kostenlos tun, was zumindest dadurch kompensiert wird – oder?? –, daß sie jetzt immerhin selbst Dienstmädchen befehligen *könnten* – wenn das Geld dazu noch reichte. Es ist, in der Tat, der Abschied von der Rechtlosigkeit in diesen Abhängigkeitsverhältnissen zu preisen, aus denen kein Weg herausführte, es sei denn, der Märchenprinz hätte auf die Verführung ausnahmsweise einmal wirklich die Hochzeit folgen lassen. Aber daß die «Herrschaft» alter Zeiten sich ausschließlich die reine Willkür hätte leisten können, geben die Zeugnisse nicht her: Dienstpersonal hat stets auch die Herrschaft sozialisiert, ihr würdiges Verhalten abverlangt. Gutes Dienstpersonal war schließlich noch um die Jahrhundertwende in den gehobenen europäischen Kreisen, in denen die Dienstmädchen mindestens zweisprachig sein mußten, so nachgefragt, daß sie bei schlechter Behandlung ohne Risiko gehen konnen – in eine bessere Position in einem anderen Haushalt. Die womöglich nicht übermäßig betuchte Dame eines mittleren bürgerlichen Haushalts mußte einiges bieten, um gutes Personal «zu halten».

Wir wollen den alten Zeiten hier wie auch sonst nicht nachweinen – nur dem würdigen Verhalten, von dem heute alle gleich weit entfernt zu sein scheinen. Denn würdiges Verhalten ist auch da nicht zu finden, wo der Gast dem scheinbar unterlegenen Status des anderen entgegenkommen möchte, indem er ihm nichts zumuten und nichts abverlangen will. Selbsttätigkeit des Gastes – vom Zusammenräumen der Teller bis hin zum Selbstorganisieren des Salzfäßchens – beleidigt den, der noch ein Berufsethos sein eigen nennt und nicht jeden Abend nur «aus Versehen» die Teller abräumt.

So jemand duldete auch eines gewißlich nicht: jene Herren mit dem portablen Telefon, in das sie auch bei Tisch in einem gutbesuchten Restaurant hineinzubrüllen pflegen.

Abgehängt und aufgehängt

Womit wir vollends beim wirklichen Untergang des Abendlandes angekommen wären. Der Umgang mit Medien – von den stationären wie Fernseher, Radio, Telefon und Computer bis zu den portablen wie dem Handy, dem Walkman, dem Notebook – bedürfte dringlich eines rigiden Katalogs von *«Do and Don't»*. Auch sie haben einen gewichtigen Anteil daran, daß wir uns nicht mehr auf die Kunst verstehen, uns miteinander ins Benehmen zu setzen – nichts anderes heißt ja «Benimm». Überdies haben sie die letzte Hürde zwischen öffentlich und privat niedergerissen, indem sie die Öffentlichkeit zu Büro und Wohnzimmer machen – was uns mit erschreckenden Erkenntnissen über das Verhaltensniveau konfrontiert hat, das moderne Menschen heute privat so pflegen. Aber dazu später.

Medien haben, was die Experten für gutes Benehmen schon zu Stirnrunzeln veranlaßte, als das Telefon gerade eben begann, zum ganz normalen Haushaltsgegenstand zu werden, die Hierarchien verkehrt. Es ist nicht der leibhaftig anwesende Mensch, der an der Rezeption, während eines Verkaufsaktes, in der Arztpraxis oder an sonst einem öffentlichen Ort die Priorität der Zuwendung für sich beanspruchen kann, sondern es ist mittlerweile Usus geworden, ihm die Aufmerksamkeit schlagartig zu entziehen, macht sich ein anderes Medium wie das Telefon oder der Computer bemerkbar. Der Anwesende mit Anliegen wird meist ohne ein Wort der Entschuldigung aus der Kommunikation entlassen, um verdutzt zuhö-

ren zu dürfen, wie sein Gegenpart unter Aufbietung aller nur denk-
baren Zuvorkommenheit einen unsichtbaren Telefonpartner bedient. Er kann umgekehrt indes keinesfalls erwarten, daß tätige
Menschen ein Telefongespräch oder eine Computerroutine unter-
brechen, um ihn beim Betreten des Raumes zu begrüßen.

Zuvorkommenheit am Telefon, sagte ich? Der Gerechtigkeit
halber muß man zugeben, daß leibhaftig Anwesende niemals besser, aber häufig auch nicht schlechter behandelt werden als die
sogenannten «Gesprächsteilnehmer». Statt die einfach zu bitten,
einen Moment zu warten, bis man die aktuelle Transaktion abge-
wickelt hat, werden sie vielmehr vielfältigen «Ich-bin-da-nicht-zu-
ständig»-Abwimmelungstaktiken unterworfen. Wie durch ein
Wunder gerät man noch heute manchmal beim Telefonieren an
Menschen, die sich mit Namen nennen, behilflich sein wollen und
keine Frage abschlägig beantworten, die der Anrufende noch gar
nicht gestellt hat.

Und deshalb hier, stellvertretend für andere, ein stilles Loblied
der Frau Müller in Rendsburg und der Frau Schröder in Wiesbaden
– beide mit einem gediegenen Telefonverhalten ausgestattet, das
dem Fremden vermittelt, bei einer erstklassigen Adresse gelandet
zu sein, und dem häufiger Anrufenden das Gefühl gibt, seine Belange seien soeben in die besten aller möglichen Hände geraten. Sie
wissen, wo beim Telefon die Unterbrechungstaste liegt, und würden übrigens auch nie laut durchs Büro rufen: «Da ist eine Frau
Sowieso am Telefon», was der mithörenden Frau Sowieso unmißverständlich klarmacht, welch ein Niemand sie ist.

Mit untrüglichem Instinkt – man muß es leider sagen – unterstellen übrigens meist Frauen anderen Frauen, daß sie in der Hierarchie
des öffentlichen Lebens einen niederen Rang bekleiden – was meistens ja stimmt –, weshalb sie auch nur minderer Aufmerksamkeit
teilhaftig werden. Und während der promovierte Betriebswirt
flötend «Herr Doktor» tituliert wird, lassen die Sekretariate der
Republik (Ausnahmen s. o.) den Titel bei Frauen notorisch weg –
wahrscheinlich weil sie zu wissen glauben, daß Frauen «auf so was»
keinen sonderlichen Wert legen. Vorsicht, promovierte Schwe-

stern! Wer von seiner Sekretärin unter vier Augen den Doktortitel verlangt, ist ein pompöser Affe. Eine Sekretärin indes, die das «Frau Doktor» der Vorgesetzten vor den Ohren anderer wegläßt, ist eine Frau mit Konkurrenzproblem. Sie wird die Zuvorkommenheit, die sie berufsmäßig Männern entgegenbringt, nie auf Frauen ausdehnen, die sie verachtet, wenn sie unter ihr stehen, und mißachtet, wenn sie «was Besseres» sind bzw. angeblich sein wollen. Machen Sie die Probe aufs Exempel! Merkt sich Ihre Sekretärin nicht nur die Namen der männlichen, sondern auch die der weiblichen Anrufenden? Bei wem wird sie ungeduldig, kurz angebunden, unfreundlich? Sie wird es nie? Dann haben Sie das Große Los gezogen.

Wir loben deshalb all jene, die sich das Problem des Anrufenden zu eigen machen, ohne ihn gleich darauf hinzuweisen, daß dies nicht in ihre Zuständigkeit falle – denn woher soll er das wissen? Und die sich den Namen, den man deutlich auszusprechen pflegt, gleich merken, ohne unwirsch und mehrmals nachzufragen. Die nicht, obwohl die Anrufende unmißverständlich weiblich ist, das Ticket für «Herrn Dr. Großartig» reservieren wollen. Die das «Danke» und «Bitte» nicht herunterschnurren wie die Lufthansa-Stewardess, weil sie wissen, daß auch die allzu betonte Routiniertheit im Umgang mit Höflichkeitsfloskeln wie eine Beleidigung wirkt.

Insbesondere aber loben wir all jene, in deren Macht es steht, das gute, höfliche und zuvorkommende Telefonverhalten republikweit aufzuwerten, indem sie es rühmen, würdigen und gut bezahlen. Wer das Kommunikationsverhalten der in der Dienstleistung Tätigen für nicht weiter wichtig hält, muß sich nicht wundern, wenn seine Kunden leise, ohne Protest, aber nachdrücklich gehen.

Strukturwandel der Öffentlichkeit

«Die Zivilisation ist nicht bedroht. Sie ist schon vorbei», urteilte der Philosoph Stefan Breuer jüngst – und vielleicht hat er ja recht. Denn wie kann man Formen wiederbeleben wollen, die offenkundig kein materielles Substrat mehr haben? Die Veränderungen dessen, was wir heute Dienstleistungen nennen, als Beispiel für die Veränderung von Öffentlichkeit zu nehmen, wird dem ungeneigten Leser womöglich als so banal wie vermessen erscheinen: die Ab- oder Anwesenheit von Salzfäßchen auf Restauranttischen oder von verkäuferischer Zuvorkommenheit im Kaufhaus als Sinnbild für jenen gewaltigen Prozeß, in dessen Verlauf moderne Gesellschaften all die Formen verabschieden, die früher als höflich galten? Vielleicht ist es eine weibliche Sicht auf die Dinge, wenn ich darauf bestehe, daß diese Veränderungen im Alltäglichen etwas bedeuten. Die altehrwürdigen Vorläufer des Dienstleistungsbereichs, «der Markt» oder der Waschplatz, waren nicht nur Plätze der Kommunikation, an denen man Lebensvorstellungen und Lebensweisen mindestens so intensiv (wenn nicht intensiver) austauschte und erlebte als in der Familie. Von Begriff und Anschauung des «Marktes» (der griechischen Agora) leiteten sich auch die Kategorien ab, die wir auch heute noch als wichtigste Verkehrsformen demokratischer Politik voraussetzen: auf dem Markt wurde ausgehandelt, was als Kompromiß dann Geltung hatte. Was heißt das für unser politisches Verstehen, wenn dies *Bargaining*, das Aushandeln unterschiedlicher Interessen, im Lebensalltag der meisten Bürger und Bürgerinnen gar nicht mehr vorkommt? Wenn im Berufsleben BAT und im Super«markt» Festpreise gelten?

Populistische Politik, die wichtigen Wählersegmenten und deren Lobbies schmeichelt, verzichtet schon längst auch nur auf den Anschein, es würden, im Prozeß der «Repräsentation», unterschiedliche Wählerinteressen im Schlagabtausch zwischen unabhängigen Abgeordneten ausgehandelt und abgeglichen zu so etwas wie einer Annäherung ans «Gemeinwohl». Weshalb sich das Plebiszit, die reine, unverfälschte Abbildung des Wählerwillens, auch zunehmender Beliebtheit erfreut: das ist die reine Unmittelbarkeit, die den Konflikt und den darauffolgenden Kompromiß schon ausgeklammert hat.

Ein weiteres Beispiel: hat es nichts mit unserem Verständnis von Öffentlichkeit zu tun, wenn wir die körperliche Präsenz des anderen, die pure physische Anwesenheit als bedrohlich oder lästig empfinden oder doch zumindest als einer privilegierten anderen Kommunikation unterlegen, nämlich der durchs Telefon? Bei aller Klage über die Muffigkeit, die insbesondere die noch beamtet sich aufspielenden Angehörigen öffentlicher Dienste üben: Letztlich scheint es leichter zu sein, mit dem Fernen am Telefon denn mit dem Gegenüberstehenden zu kommunizieren, zu verhandeln. Ergibt sich daraus womöglich längst eine neue Form der Vermittlung, ist das Telefon, als «Medium», der neue Mediator?

Höflichkeit ist heute kein Zwang mehr, auch die aus der Wärme der Gemeinschaft hervorsteigende Herzlichkeit nicht; sie liegt ganz in unserem Belieben. Weshalb sie höchstens noch ein Anliegen sein kann, daß wir kultivieren können, wenn wir wollen: als neue, als erfundene Tradition, als Entscheidung aus Freiheit. Aber das ist vielleicht wirklich zuviel gehofft.

IV
Die Welt als Wille und
Wohnzimmer

«Hinter dem pseudodemokratischen
Abbau von Formelwesen, altmodischer Höflichkeit, nutzloser
und nicht einmal zu Unrecht als Geschwätz verdächtigter
Konversation, hinter der anscheinenden Erhellung und
Durchsichtigkeit der menschlichen Beziehungen, die nichts
Undefiniertes mehr zuläßt, meldet die nackte Roheit sich an.»

Theodor W. Adorno

Das Private ist öffentlich

Was machen moderne Menschen eigentlich noch «zu Hause»? Wozu brauchen großstädtische Singles ihre geräumigen Lofts, wenn sich doch längst alles auf den Straßen und Plätzen, in den Cafés, öffentlichen Verkehrsmitteln und Restaurants der Nation abspielt? Essen: am besten im Gehen beim Geschwindschritt durch die urbane Zone, die Plastikschüssel eng vor dem Mund und dann das Chili con Carne reingeschaufelt; die ganz Vornehmen verbergen das belegte Brötchen in einer Papiertüte, die sie vor jedem Biß ein wenig zurückschieben, wie ein Präservativ. Was für ein Unterschied zum gutbürgerlichen Essen am Tisch des Hauses, mit Tafelsilber, weißen Servietten und untadeligen Manieren – und der unweigerlichen mittäglichen Schwermut nach allzu gewichtigen Saucen!

Telefonieren: sowieso. Auf dem städtischen Wochenmarkt, neben hastenden Hausfrauen und Äpfelwein trinkenden Bonvivants. Auf dem Boulevard Richtung Bahnhof: wie jener beleibte Herr mit der dunkel glänzenden Schmalzfrisur und den vielen goldenen Ringen an den rundlichen Händen, der, die Ehefrau züchtig einige Meter hinter ihm, in irgendeiner südeuropäischen Sprache lauthals in sein Handy ruft, als glaube er, die räumliche Distanz durch Lautstärke überwinden zu müssen.

Moderne und Archaisches bzw. Provinzialität: hier verschmilzt das alles gar inniglich. Nie vergesse ich jenen schnauzbärtigen Geschäftsreisenden, wie er irgendwann im Jahre 1994 mitten im Gang des überfüllten ICE-Großraumabteils steht und in sein portables Telefon bellt, unüberhörbar für alle Mitreisenden: «Sag Mutti, ich komme heute abend nach Hause!» Und dann noch mal, vielleicht, weil das kleine Kind am anderen Ende nicht versteht oder weil wir anderen endlich verstehen sollen: «Sag Mutti, ich komme nach Hause, ich muß heute nicht mehr nach Italien.»

Der arme Kerl. Wollte er sich wirklich vor den Mitreisenden

aufspielen, obwohl das öffentliche Telefonieren mit dem Portable längst als hoffnungslos *proll* geoutet ist? Wahrscheinlich. Wahrscheinlicher aber ist, daß er den Stilbruch gar nicht gemerkt hat, denn er hat sich kraft seines Gerätes einfach in eine andere Dimension begeben. Medien im öffentlichen Raum haben die Tendenz, ihre Nutzer in eine Art UFO zu versetzen – Menschen errichten inmitten der Masse ihre eigene Öffentlichkeit, eine wie durch eine unsichtbare Wand von den anderen getrennte Zone. Unter dieser Käseglocke entsteht beim Telefonieren eine Wirklichkeit von Ohrmuschel zu Ohrmuschel, eine Gemeinschaft der Gesprächspartner, die ganz ohne die handgreifliche Wirklichkeit des anderen auskommt.

Der Haken ist nur, daß all den anderen, den Umstehenden und Vorübergehenden, die Intimität unter der Glasglocke völlig entgeht – sie hören mit, ob sie wollen oder nicht, zumal in Telefone unweigerlich lauter hineingesprochen wird, als eine normale Konversation von Angesicht zu Angesicht nötig machte. Die Leute mit der Telefonitis im Restaurant und an anderen öffentlichen Orten stören nicht nur deshalb so entsetzlich, weil sie den mittlerweile zu Billigpreisen verramschten Gebrauchsgegenstand noch immer fälschlich für ein Statussymbol hielten, sich also lächerlich machten, sondern weil sie eine enorme und enorm störende Lautstärke entwickeln, die sich die meisten Menschen an solchen Orten schon längst, gottlob, nicht mehr erlauben würden. Oder liegt die Provokation darin, daß die Kommunikation per Telefon mittlerweile von fast allen für wesentlich privilegierter gehalten wird als die mit Anwesenden und Gegenüberstehenden? Das wäre interessant: das hieße ja, daß Menschen auch auf engstem Raum die Distanz wieder herzustellen vermögen, deren sie bedürfen, um Kontakt aufzunehmen: mit Hilfe des Mediums, des Mediators Telefon.

Denn das Leben in den «urbanen Zentren» dieses Landes, wie es in Planungsdeutsch so anmutig heißt, ist fast wieder so öffentlich und veröffentlicht, wie es in den mittelalterlichen Städten gewesen sein muß, als der Unterschied zwischen Wohnraum und Straße fließend und das Privatleben noch nicht erfunden war. Die Geschichte des Lesens macht das deutlich. Daß es in mehrfacher Hinsicht eine Revolution bedeutet, daß heute in aller Öffentlichkeit gelesen wird, ist uns kaum noch vertraut. Erst Jahrhunderte nach der Erfindung des Buchdrucks stellten Bücher keine erlesene Kostbarkeit und Seltenheit mehr dar, so daß sie auch von den weniger Privilegierten als Privatbesitz mit nach Hause genommen werden konnten. Auch gab es nun mehr und anderes zu lesen denn die Bibel, war man auf die Vorlesekränzchen nicht mehr angewiesen, weil mehr und mehr Menschen lesen gelernt hatten. Jetzt wurde Lesen zur Verkörperung der Privatheit, der Intimsphäre, zum gültigen Ausdruck des in sich gekehrten, der Kontemplation hingegebenen Individuums. Aber erst, nachdem es verdächtigt worden war, den Eskapismus und den weiblichen Wahnsinn, die Flucht vor der Welt in die Imagination zu begünstigen: Flaubert schildert Emma Bovary als eine Frau, die aus der Lektüre von religiösen Traktätchen, aber auch Romanen die falschen, sich als tödlich erweisenden Schlußfolgerungen zog.

Daß sich die Selbstversenkung durch Lektüre auch in aller Öffentlichkeit abspielen kann, ist erst seit dem Rotationsdruck, also seit weit weniger als einem Jahrhundert möglich. Auch das erlaubt Flucht aus der Öffentlichkeit inmitten der Menge: Buch oder Zeitschrift sind das ideale Mittel, den Anblick wie den Blick der anderen zu meiden und sich in eine Traumwelt zu begeben, in der alle Welträtsel gelöst werden – oder in der wenigstens nur schöne und edle Menschen verkehren. Flucht vor den anderen inmitten der Menschenmenge – so kann man, wenn man will, sogar das neue Großraumwagendesign der Bundesbahn interpretieren. Während das klassische Zugabteil noch an die Postkutschenzeit erinnerte, als man über lange, mühselig zu überwindende Strecken Gedanken über das Wetter, die Weltlage sowie den mitgebrachten Reiseproviant mit den Mitreisenden teilte – oft sogar noch die Schlafsäle in den «Wirtshäuser» genannten Absteigen am Wegesrand –, erlauben die ICE-Großraumwagen zwar auch die gesellige Skatrunde. Im Grunde aber sind die Tischchen vor den Sesseln zum Arbeiten gedacht, und so sieht man sie dort meistens auch sitzen, eifrige Arbeitsmonaden mit Notebook oder Diktiergerät, das unnachsichtig auch dann eingesetzt wird, wenn es Mitreisende stört, die ihre Geschäfte auch, aber wenigstens auf alte Weise, nämlich geräuscharm mit Papier und Schreibstift erledigen. Gottlob fehlen an den DB-Schreibtischen noch die Steckdosen, und die Aktivitätsdauer der Computerpowerpacks ist kurz – so daß unsereins bald wieder völlig ungestört ist beim Genuß, sagen wir mal: von Beethovens Fünfter über den Discman mit den abgeschirmten Kopfhörern, während draußen vor dem Zugfenster im milden Abendlicht die Kasseler Berge vorbeigetragen werden.

Bevor wir zu dieser die althergebrachten Kategorien von privat und öffentlich völlig durcheinanderwirbelnden Neuerung kommen – das private Musikhören in der Öffentlichkeit –, noch ein paar Sätze zum Verhältnis von Arbeit und Mobilität. Das Arbeiten mit modernstem Gerät während des Reisens (ebenfalls mit modernstem Gerät) ist ja womöglich längst schon der bloße Vorläufer für die Refeudalisierung noch ganz anderer Aspekte des öffentlichen Lebens. Während der Siegeszug der kapitalistischen Industriegesellschaften ganz wesentlich davon abhing, daß Arbeitsplatz und Wohnung getrennt wurden, daß Menschen vom Arbeitsplatz im Haus weggerissen wurden, um massenhaft ins arbeitsteilige Fabrikleben eingegliedert zu werden; während diese Entfernung der Erwerbsarbeit aus dem Haus dies erst zur Privatsphäre und die Arbeit der Hausfrau zum Liebesdienst werden ließ; während all das Mobilität von einem Privileg der Herrschenden zur notwendigen Tortur des vom Wohnplatz zur Arbeitstelle strebenden Arbeitsmenschen machte, scheint heute mehr und mehr privilegiert, wer seine Arbeit zu Hause erledigen kann. Als nach dem letzten Erdbeben in Los Angeles Hunderttausende nicht mehr über die beschädigten Straßen und Brücken zur Arbeitsstelle gelangten, boomte die Vernetzung zwischen Zentrale und Angestellten: man lernte handgreiflich, wieviel bereits jetzt über die Datenautobahn verschubt werden kann.

Das alles führt nicht lediglich zur Horrorvision vom Teleheimarbeitsplatz für die Mutti mit dem greinenden Baby auf dem Arm, die doppelt belastet für Niedriglohn Daten erfaßt; das auch – wobei sogar diese Vision für manche alleinerziehende Frau zur Lichterscheinung geraten dürfte, wenn sie an die Unterversorgung hierzulande mit Kinderhüteplätzen denkt. Per Netzwerk sind auch qualifiziertere Arbeiten von zu Hause aus zu erledigen – und was das für den Hang dieser Gesellschaft zur Beziehungslosigkeit heißt, ist offensichtlich. Zum Wegfall kommen dabei nicht nur Verkehrsbelastungen zu Stoßzeiten, sondern ebenso Büroklatsch und andere Menschlichkeiten von Schreibtisch zu Schreibtisch: wieder mal eine Chance weniger, zwischenmenschliche Kommunikation, vulgo: Umgang zu erlernen.

Apokalyptiker und Alarmisten werden folglich prognostizieren, daß solcherlei Hausmänner und -frauen mit anderen nur noch werden kommunizieren können, wenn sie eine Tastatur vor sich liegen haben. Optimisten wiederum werden vom segensreichen Wegfall des Intrigantentums, des *Mobbing* und der ewigen Kontrolle durch die Vorgesetzten schwärmen. Betriebswirtschaftler werden der Furcht der Vorgesetzten vor der Faullebe der Privatiers die nachgewiesen höhere Produktivität, die Kontrollierbarkeit der Arbeitsergebnisse und die Ausgeruhtheit der Angestellten dank Wegfall von immer länger werdenden Fahrtzeiten entgegenhalten, Ökologen die Verminderung des Stickstoffausstoßes preisen und die Forderung nachschieben, nun auch den Güterverkehr auf die Schiene zu verlegen. Wir aber können die Ausgangsfrage umkehren: Nicht, was machen die Menschen eigentlich noch privat, ist dann die Frage, sondern: was machen sie eigentlich noch öffentlich, also in Gesellschaft, also miteinander?

Womit wir wieder bei Beethovens Fünfter wären, die man in Konzertqualität ganz für sich allein genießen kann, inmitten der Menge oder auch nicht. Zum Beispiel im Geschiebe auf Frankfurts Fußgängerzone, der häßlich-lauten, gedrängelt vollen Zeil. Die klassischen Klänge müssen zwar mit der Muzak konkurrieren, die aus den Läden für Billigklamotten dröhnt, mit der Aerobic-Soße aus dem Fitness-Studio oben drüber und mit dem tagesaktuellen Angebot der Straßenmusiker, insofern ist ungeschmälerter Kunst-

genuß nicht garantiert. Aber das Bewußtsein kann sich der ungeheuerlichen Diskrepanz zwischen der Entstehungszeit dieser Musik und dem heutigen Tag öffnen: Von der Exklusivität zur Allgegenwärtigkeit. Was früher am Hof zelebriert wurde, dann auch in
bürgerlichen Konzertsälen oder als Hausmusik, schließlich in den
Tempeln hochbürgerlicher Kultur, in den Opernhäusern; was
einstmals privat war und später Teil einer exklusiven öffentlichen,
dann etwas weniger geschlossenen bürgerlichen Kultur, ist heute
individueller Besitz des einzelnen geworden: die Arbeit Hunderter
von Menschen und die Ressourcen von Jahrhunderten, alles auf
einer Scheibe, alles nur für zwei Ohren bestimmt: Deine.

Wer beim Anblick von Menschen mit Kopfhörern über den
Ohren aggressiv wird, reagiert damit vielleicht nicht nur auf die
Tatsache, daß sie erkennbar dem öffentlichen Raum und seinen althergebrachten Gesetzen keine Aufmerksamkeit schenken und
einen privaten Raum um sich herum beanspruchen, sondern zeigt
womöglich gerade noch eben, bevor sich alle daran gewöhnt
haben, Befremden: über die Metamorphose einer Hochkultur zum
Allerwelts- und Alltagsereignis. Es bleibt dem einzelnen überlassen, ob er dieses Ereignis noch mit den Gebärden der Rituale vergangener Zeiten garniert und wenigstens, wie die Prä-Beat-Gene-
ration es noch vor dreißig Jahren vorm Rundfunkempfänger zu tun
pflegte, Haltung annimmt; ob er sich noch ärgert über das unverfrorene Zitat aus klassischen Stücken wie etwa der «Carmina Bu-
rana», das von den «Kreativen» der Werbebranche zu «die Musik
aus der Rundfunkwerbung» herabgewürdigt wird. Angesichts der
Finanzlage der Kommunen ist die Frage längst kein Tabu mehr, ob
denn eigentlich wirklich jede mittlere Stadt ein Opernhaus braucht
– schließlich geht manch einer nur deshalb alle paar Jahre ins Kon-
zert, um mitzuerleben, wie, sagen wir mal, der Klarinettist das
Glissando aus Gershwins «Rhapsody in Blue» vergeigt. Fehler sind
übrigens kostengünstiger zu haben in Frankfurts berühmtem Va-
rieté «Tigerpalast» oder anderen Stätten traditioneller Kleinkunst,
wenn die Jongliernummer nicht glücken will – wenn es das ist,
wonach dem verwöhnten Publikum mittlerweile ist. Denn alle

anderen Medienbenutzer haben sich längst daran gewöhnt, daß die Produkte, die sie genießen, fehlerlos sind – und daß sie möglichst wenig daran erinnern, daß sie von Menschen in einem unwiederholbaren Moment geschaffen wurden.

Solcherlei Erwägungen sind nicht mit der berufsüblichen Klage der ausgebeuteten und entrechteten Kulturschaffenden zu verwechseln, die unermüdlich ihr Mantra vom Kulturverlust herunterbeten. Es soll – bescheidener – nur erinnert werden: an die Geschwindigkeit, mit der sich alte Grenzen zwischen Privat und Öffentlichkeit aufgelöst haben und sich alles neu mischt. Der öffentliche Kunstgenuß zum Beispiel mag heute völlig privatisiert sein, um die Paradoxie auch so zu benennen. Umgekehrt scheint nur noch als öffentliches Spektakel Geltung zu haben, was seit dem ausgehenden 18. Jahrhundert als das Intimste an sich galt (was es, auch das sei festgehalten, bis dato keineswegs war – Sitten und Gebräuche ändern sich).

Im Geschlechtsleben herrscht ein neues Mittelalter vor oder doch wenigstens Zeiten wie jene, in denen der Kaiser auf dem Scheißstuhl sitzend Audienzen gab. Was wissen wir diesbezüglich eigentlich noch nicht übereinander? Nachdem der Tabubruch zum Gesellschaftsspiel erklärt worden ist und das Entäußern des Allerintimsten längst Konvention, bleibt uns keinerlei kleine Eigenheit der anderen mehr erspart. Wir wissen mittlerweile, wie und wie oft es die Masochistin vom Dienst gerne hinten drauf hat und daß sich bei alteingesessenen Monarchien der Prinz nicht in einen Frosch, sondern in einen Tampon verwandelt, also gottlob nicht zu den Zehenlutschern zu zählen ist. Daß bei kleinbürgerlichen Eigenheimbesitzern neben der Tür zur Sauna die Peitsche zu hängen pflegt, ist uns ebenso vertraut wie der Verbrauch an Dildos im langjährigen Mittel bei grünen Witwen und Karrierefrauen mit knappem Zeitbudget. Das Gerede über das, was wahlweise «Sex», «Geschlechtsverkehr» oder «Liebe» genannt wird, ufert allabendlich über alle Kanäle und tropft aus jedem Hausfrauenblatt. Eines offerierte gleich Einkaufslisten: mit allem, was man so braucht fürs kleine Sado-Maso-Ereignis im Eigenbau. Die Demokratisierung der Libertinage hat den Begriff des Abartigen gründlich abgeschafft, und niemand muß sich seiner Neigungen mehr schämen. Nur der Hühnerficker von Kölzenhain ist noch heute ein einsamer Mann – alle anderen haben schon längst in tabubrecherischer Absicht die Runde durch die Talkshows der Republik gemacht. Was, bitte, ist heute noch privat oder geheim?

Auch diese Frage ist eher entgeistert als entrüstet gemeint – denn skandalös ist das ja längst nicht mehr, was da passiert. Possierlich eher wirkt der Gestus der Befreiung, den viele Männer und Frauen im besten Vorruhestandsalter vorführen, wenn sie wieder einmal das letzte Tabu brechen. Reißt das den Zuschauer noch aus dem Sessel, dieser öde Krempel, der als subversiver Kampf gegen die Verklemmtheit und Spießigkeit in dieser Gesellschaft offeriert wird und doch recht eigentlich der leibhaftige Ausdruck obwaltender Zwanghaftigkeit ist?

Die unermüdliche Propaganda dieser Befreiungsbewegung ist wenig glaubhaft. Aber auch das Gegenargument ist wenig plausibel – daß sie etwas entzauberten, was nicht schon längst sich darniederläge. Der zwanghafte sexuelle Befreiungsdiskurs erweist sich lediglich als Teil eines nachhaltigen Prozesses der Entwertung des Privaten – ein Prozeß, der heute die eigenartigsten Bündnispartner vereint.

Das Private ist verdächtig

Wir sind einander in den allerprivatesten Regungen längst öffentliches Gut geworden, ohne daß diese Art der Veröffentlichung noch Aufklärung oder gar Geselligkeit erzeugt. Beide haben ihre Spezifität verloren, Öffentlichkeit wie Intimsphäre. Wenn schon der öffentliche Raum mit Ungewißheit angefüllt ist, durchstolpert von Auszubildenden im ersten Lehrlingsjahr, voll der Ängste vorm Unbekannten, dann ist der private Raum mittlerweile mindestens zum Schreckenskabinett geworden. Das Private, im 19. Jahrhundert noch als Ort des Idealen, der Harmonie und der uneigensüchtigen Liebe besungen, ist entmystifiziert und wird höchstens noch dämonisiert: als Ort, der auch keinen Schutz mehr bietet gegenüber den unwirtlicher werdenden öffentlichen Räumen.

Die Entwertung der privaten Sphäre hat in den letzten Jahren einen Höhepunkt erreicht in der Vorstellung, sie sei nicht mehr das Reich der sorgenden Hausfrau, sondern das Horrorkabinett des vergewaltigenden Ehemannes, der auch vor sexuellem Mißbrauch der Kinder nicht zurückschreckt. Gewalt und Mißbrauch seien das einzige, das letzte schreckliche Geheimnis des Hauses – ein Geheimnis, das zu bannen der öffentliche Diskurs bemüht ist: «Kindesmißbrauch, das letzte Tabu.» Die Tabubruchrituale machen das vorgeblich letzte private Geheimnis zum öffentlichen Gut – nicht nur durch das exzessive Reden über etwas, das angeblich gesamtgesellschaftlich verschwiegen und tabuiert werde. Sondern auch durch einen fast schon eine Massenhysterie provozierenden Umgang mit Häufigkeitszahlen: Hochgerechnete «Dunkelziffern» erklären Vergewaltigung und Kindesmißbrauch heute nachgerade zur durchschnittlichen Triebausrüstung des deutschen Mannes und zum Normalschicksal einer jeden Frau. Ob diese völlig fahrlässige Verallgemeinerung wirklich hilft, die tatsächlichen Fälle von abscheulichstem Kindesmißbrauch zu verhindern, wie offenbar jene glauben, die die Mediendynamik dazu nutzen, für neue Planstellen in der Präventionsarbeit zu werben, darf füglich bezweifelt werden.

Sie besiegelt indes das Schicksal jener längst schon zweifelhaft gewordenen Vorstellung von der bürgerlichen Idylle im Privaten. Idyllisch war die Modellfamilie aus dem 19. Jahrhundert ja nur in den seltensten Fällen – noch vor wenigen Jahrzehnten hatten Kinder weit mehr Grund, sich vor Papa zu fürchten, als heute. Aber die Geschichte des Privatlebens weist die Entstehung eines intimen Raums *auch* als zivilisatorischen Fortschritt aus.

Das Recht auf Privatleben bedeutete eine Errungenschaft nicht nur gegenüber der sozialen Enge im Dorf und in den Städten, der Kontrolle durch die ewig neugierige Nachbarschaft, sondern auch gegen den Zugriff der Obrigkeit, der Kirche, des Fürsten. Mit der

Religionsfreiheit durfte endlich jeder in den eigenen vier Wänden nach seiner Fasson selig werden, erlangte er (sie in entschieden geringerem Maße) die Gesetzeshoheit über seinen Lebensalltag, soweit dieser nicht in den öffentlichen Raum hineinragte. Der Privatraum gewährte des Bürgers Freiheit ebenso, wie er Spielplatz des tyrannischen *pater familias* war. Gegen Ende des 18. und vor allem im 19. Jahrhundert wurde die Privatsphäre zum Schutzraum gegen die Zumutungen von Kapitalismus und feindlicher Außenwelt, wurde sie mystifiziert als Ort der Unschuld und der Natur gegen die Künstlichkeit des öffentlichen Raumes. Dieser Sphäre des bürgerlichen Ideals mit seinen hohen, überhohen Anforderungen konnten nur die Männer entfliehen in die Zweideutigkeit des unmoralischen öffentlichen Raumes, in die Kneipen, auf die Straßen. Bürgersfrauen blieben dem Ideal unterworfen, zu Hause dem Elend der Welt zu wehren – mit milder Güte und zunehmender Depression. Sie flohen in die Welt der Romane oder in das, was von Männern so treffend «Hysterie» genannt wurde.

Unter dem Nationalsozialismus entfaltete die Kategorie des Privaten ihre gesammelte Ambivalenz: den einen galt das Privatleben als legitimer Zufluchtsort, als Ort der «inneren Emigration» gegen die Ansprüche des totalen Staates, den Bürger beständig in die Pflicht zu nehmen in einem gigantischen Programm der Mobilisierung. Den Nachgeborenen aber wollte dieser «heldenhafte» Rückzug als nur noch pervers erscheinen: daß sich Deutsche auf die Privilegien der privaten Existenz beriefen, während jüdische Deutsche aus dem Nachbarhaus abtransportiert wurden, erschien ihnen nicht gerade als gelungener Versuch, sich der öffentlichen Kontrolle zu entziehen, sondern als Versagen des Bürgers vor einer Situation, in der er politisch, das heißt mit Widerstand hätte reagieren sollen. Die Vorstellung, im Privaten liege Tugend, verflüchtigte sich zwischen dem Anspruch der Nazis, das Individuum habe in der Volksgemeinschaft aufzugehen, und der Forderung der Nachgeborenen, es habe sich in beständiger Wachsamkeit und politischem Fulltime-Engagement zu bewähren.

Auch die nur an Wirtschaftsaktivität orientierten «Ohnemi-

chel» der Nachkriegszeit in der Bundesrepublik haben die Würde
bürgerlichen Privatlebens nicht wiederherstellen können; der
Wunsch der Älteren, sich nie mehr auf etwas einlassen zu müssen,
konfligierte mit dem Wunsch der Jüngeren, der Möglichkeit, daß
sich die Verbrechen der Vergangenheit in Zukunft wiederholen
könnten, durch betontes öffentliches Engagement zu wehren. Das
«Schweigen» der Älteren in der bundesdeutschen Nachkriegszeit,
ein bedrückendes, ein bedrohliches Schweigen, ist zwar längst
durch ein allgemeines Betroffenheitsgesülze abgelöst, aber es bietet
immer noch das Hintergrundgeräusch, sozusagen, für die Attacke
auf den Privatraum als den Ort, an dem einstmals, zu Olims Zeiten, der Bürger legitimerweise bei sich sein konnte, und der sich
hernach als Ort der Verdrängung und der Abscheulichkeit erwies.

Der «Rückzug ins Private» ist seither eindeutig negativ konno-
tiert: er ist die feige Verleugnung jener Bürger, die nicht wissen
wollten, welche Verbrechen das Regime nicht ohne ihr Stillschwei-
gen beging. Gegen diese historische Erfahrung hat wenig geholfen,
daß in der Bürgerrechtsbewegung der DDR die private «Nische»
als eine legitime Möglichkeit galt, sich den Forderungen des
Systems zu entziehen – eine Privatheit, die heute wieder in der
These von der «sozialen Wärme» auftaucht, die in der Mangelgesellschaft kultiviert worden sei, während sich die Konsumwelt des
Kapitalismus als Ort sozialer Kälte erweise.

Wo die private Welt des Bürgers so darniederliegt, müssen die
öffentlichen Belange blühen – das jedenfalls war der Impetus der
Kulturbewegung der 70er Jahre, die «Das Private ist politisch» reklamierte. Daß Veröffentlichung und Öffentlichmachen etwas
grundsätzlich Positives seien, was sich auf das Entkleiden ebenso
beziehen läßt wie auf das Verlagern einst privater Aktivitäten in den
öffentlichen Raum wie auf das, was sich später auch hierzulande
«investigativer Journalismus» nannte, entstammt der Euphorie der
Zeit, die angesichts der muffigen Enge der nachkriegsdeutschen
Spießeridylle unterschätzte, wie terroristisch das ist, die Öffentlichkeit in Permanenz.

Das Private ist politisch

Der Entwertung der Privatsphäre tritt heute eine Entleerung der Öffentlichkeit an die Seite, die sich paradoxerweise wiederum der Dominanz privater Motive im öffentlichen Raum verdankt. Seit Politiker nicht mehr an ihrem Handeln gemessen werden, sondern an ihrem Auftreten, ihren persönlichen Merkmalen, ihrem Selbstdarstellertalent und ihrer Fähigkeit, «Glaubwürdigkeit» zu vermitteln, seit sie also als öffentliche Personen an ihren privaten Tugenden gemessen werden, ist das Private selbst zu einer öffentlichen Kategorie geworden: niemand darf sich ins und aufs Private zurückziehen – er muß es immer und immer wieder in der Öffentlichkeit enthüllen.

Die Zeiten der Pflichtbolzen in der Politik, die sich auf «Sachzwänge» herausredeten, wenn sie mit der moralischen Dimension ihrer Entscheidungen konfrontiert wurden, ist hierzulande anhaltend, also wohl endgültig vorbei. Statt dessen verfügen wir mittlerweile über das andere Extrem: über Politiker, die über (öffentliche) Sachen gar nicht mehr, über (private) Empfindungen hingegen um so eifriger sprechen. Sie befriedigen damit offenbar ein Publikum, und sei es auch nur das, was Journalisten sich vorstellen, denn statt nach der Ratio ihrer (immer weniger werdenden) Entscheidungen werden Politiker heute nach ihren Gefühlen gefragt, und statt Erläuterungen der weltpolitischen Lage abzugeben, bekennen sie sich, lernfähig, wie sie sind, im Falle eines Falles dann wenigstens zu Männerfreundschaften auf Regierungsebene. Oppositionspolitiker outen sich als Träger von Fahrradhosen bzw. eleganter italienischer Sakkos, Karrierefrauen zeigen, daß sie auch Plätzchen backen können, und die wohlgeratene Familie wird nur im Krisenfall dem Blitzlichtgewitter der Bildjournalisten entzogen: Erst wenn es an das Ende der Politikerkarriere geht, wird vom Schutz des Privatlebens gesprochen und davon, allzuviel Aufmerksamkeit der Familie doch bitte zu ersparen.

Wer über Rücktrittsgründe und Rücktrittserklärungen vieler Politiker in den letzten Jahren nachsinnt, trifft auf ein seltsames

Phänomen: Die Gründe wie die Erklärungen sind selten politischer Natur, sondern haben einen fast intimen Charakter. Die Gründe und Anlässe werden in der Lebensführung gesucht – Lothar Späth war ein Beispiel dafür, wie man über von «Freunden» aus der Wirtschaft gesponserte Familienreisen fallen kann – oder im Charakterlichen – Björn Engholm war nicht mehr «glaubwürdig» – oder gar noch im persönlichen Stil – Philipp Jenninger hatte eine im wesentlichen nicht übermäßig zu beanstandende Rede nicht mit der richtigen Herzenswärme verlesen. Niemand unserer Politiker demissionierte, weil er die Probleme der deutschen Einheit falsch eingeschätzt, die wirtschaftliche Rezession und die Staatsverschuldung nicht ernst genommen und die Arbeitslosen- und Rentenversicherung gefährdet hat, indem er in die falschen Töpfe zur Finanzierung der deutschen Einheit greifen ließ.

Die meisten stürzten darüber, daß sie Politik und Privatleben, Rolle und Mensch nicht auseinanderzuhalten wußten. Manch einer und manch eine hat wahrscheinlich bis heute nicht verstanden, warum ihm oder ihr Umzugskostenabrechnungen oder Wohnungsrenovierungskosten oder Benzinquittungen oder Friseurrechnungen zum Verhängnis wurden: diente das nicht alles ihrer Amtserfüllung? Sind sie nicht eigentlich vierundzwanzig Stunden am Tag im Dienst? Ist das nicht nachgerade heute von Politikern gefragt, daß sie keinerlei strenge Trennung zwischen Person und Funktion mehr machen, sondern «Mensch bleiben» – bzw. Politiker auch nach Feierabend? Dem Politiker als Mensch steht, wie Exverkehrsminister Günther Krause in entwaffnender Naivität reklamierte, ebensoviel Bereicherungswille zu wie dem Normalbürger, und der Mensch als Politiker hält seinen gutfrisierten Kopf so abendfüllend einer kritischen Öffentlichkeit hin, daß er Ausgaben für den Friseur womöglich als private Verausgabung gar nicht mehr wahrnehmen kann.

Ein «Skandal» ist in der bundesdeutschen Öffentlichkeit längst keine politische Kategorie mehr, sondern benennt einen moralischen Konflikt, der, kurz gefaßt, darin liegt, daß der inkriminierte Politiker nicht zwischen sich als Privatperson und als öffentlicher

Figur unterscheiden konnte, sondern als «Mensch» agierte. Schwierig wird die Sache dadurch, daß solcherlei verschwiemeltes «Menscheln» mittlerweile stilbildend in der Politik geworden ist, ja daß es vom Publikum nachgefragt wird: Mensch soll er sein, der Politiker zum Anfassen, der sich nicht verbiegen läßt, der «einer von uns» war und ist. Was aber ist der Mensch Kohl im Unterschied zum Politiker Kohl, der sich, um politisch glaubwürdig zu sein, als Mensch und menschlich zeigen, also etwa mit der Strickjacke im Kaukasus «Michail ist mein Freund» sagen muß? Die säuberliche Trennung zwischen öffentlicher Rolle und privater Person ist aus der Mode gekommen und läßt sich offenbar nur noch mühselig rekonstruieren. Die Rache für die neue, auch noch «Glaubwürdigkeit» genannte Betroffenheitstour: wenn alles privat und alles politisch ist, dann ist auch das Privatleben zur politischen Kategorie erster Güte geworden, und jede Stilverfehlung dort wird zum Rücktrittsgrund hier.

Gefragt wie ungefragt haben sich viele Westpolitiker im Verlauf der achtziger Jahre angewöhnt, private Details, Vorlieben und Empfindungen zu offerieren, die signalisieren sollten, daß sie sich von der Politik nicht «verbiegen» lassen. In scharfem Kontrast zu den Hochzeiten der Sekundärtugenden, den fünfziger und sechziger Jahren, haben moderne Politiker sich angewöhnt, nicht über Pflicht und Aufgabe, sondern über ihre Empfindungen und Gefühle zu reden – weil die Öffentlichkeit ihnen erfolgreich einreden konnte, der «menschliche» Politiker in all seinen Ambivalenzen sei dem Publikum lieber als der korrekte Pflichtbolzen.

Die Demission von Christian Schwarz-Schilling 1993 ist ein schönes Beispiel für den Triumph des Gefühlssprechs über die politische Rede – vom Handeln ganz zu schweigen. Daß auch die bundesdeutsche Regierung in Bosnien-Herzegowina nicht eingreife, ist ihm nicht Anlaß zu politischer Analyse, gefolgt vom Abwägen der gegebenen Optionen, gefolgt, gegebenenfalls, von einer deutlichen Aufforderung, sondern wird vom ehemaligen Postminister zum Anlaß herabgewürdigt, über «mein Empfinden», «meine Betroffenheit» und meine «Scham» zu reden. Die menschelnde

Mode, Rapport über den eigenen Gefühlszustand zu geben, wenn es um die Verbrechen geht, die anderen angetan werden, ist das unangenehmste Erbe der westdeutschen goldenen Achtziger, als man glaubte, wichtiger als die Güterproduktion sei das Betriebsklima und entscheidend sei nicht, «was hinten rauskommt», sondern wie man sich fühlt dabei.

Schon deshalb sollte das Publikum mißtrauisch sein, wenn die geschlagenen Helden in ihren Demissionen plötzlich Schutz der Privatsphäre einklagen und auf die Familie verweisen. Jetzt also soll wieder im Schutzraum verwahrt werden, was zuvor so bereitwillig präsentiert worden ist? Der joviale Landesvater zum Anfassen Lothar Späth, ein notorischer Fall von «Immer im Dienst», hatte Frau und Kinder durchaus an jenen Vergnügungen teilhaben lassen, die dem Privatmann Späth als Ministerpräsidenten zuteil wurden. Nachher sah das alles anders aus. Als Politiker, führte Späth an, müsse er sich Verleumdungen gefallen lassen, als Privatmann habe er es «nicht nötig, dies mir und meiner Familie zuzumuten». «Laßt meine Frau und meine Familie aus dem Spiel!» Eine etwas späte Besinnung auf die säuberliche Trennung der Bereiche und Rollen.

Auch Günther Krause führte, als es ans Demissionieren ging, die Familie wie einen rettenden Schutzschild vor sich her, deren private Wünsche nach ein bißchen Bereicherung, nach Putzfrau und Auto ihm mit zum unrühmlichen Aus verholfen hatten. Die Familie, die in Rücktrittserklärungen so häufig zitiert wird, obwohl man annehmen darf, daß Vati früher auch nur dann Zeit für sie hatte, wenn ein Fototermin für irgendein buntes Blatt anstand, wird zum schützenden Hafen vor einer Öffentlichkeit, die man selbst an unklare Grenzverläufe in Sachen Privatheit und Öffentlichkeit gewöhnt hat. Wäre es nicht konsequent, wenn Politiker heute gleich ihre ganze Familie als Werbungskosten von der Steuer absetzten, weil sie der fleischliche Beweis für «Menschlichkeit» sind, die erst jene Glaubwürdigkeit erzeugen soll, von der Politiker, jenseits der Programme, Versprechungen und Handlungen, die nötige Legitimität beziehen?

Die Öffentlichkeit aber sollte sich die tugendgesättigte Häme bei Politikerdemissionen sparen. Sie sind lediglich Menschenopfer für ein Publikum, das angesichts politischer Inszenierungen aller Art das Vertrauen in die Politik ziemlich verloren hat. Dieses Vertrauen wird, bei Licht besehen, durch derlei Opfer schwerlich restauriert: denn es ist nicht zu übersehen, daß keine dieser Verfehlungen als Rücktrittsgrund ausgereicht hätte, wenn die Inkriminierten nicht von der eigenen Partei bzw. vom eigenen Kanzler fallengelassen worden wären. Zeichen für die selbsttätige Reinigung der politischen Maschinerie sind diese Menschenopfer nicht.

Das Private ist telegen

Was früher als höchstpersönlich galt, als jenem Intimbereich zugehörig, den manche noch nicht einmal dem Lebensgefährten offenbarten, ist heute Gegenstand von Bekenntnissen geworden, nicht nur der Politiker. Menschen bekennen sich auf dem Kotflügel ihres Autos per Herz für vom Aussterben bedrohte Minderheiten wie Fußballclubs, Kinder, Städte und Tiere. «Ich rauche gern», bekennt es von Plakatwänden herab, «Die Freiheit nehm' ich mir», tönt es aus dem Rundfunk, und was Menschen machen, wenn der kleine Hunger kommt und gebieterisch Befriedigung verlangt, wissen wir ebenso, wie wir ahnen, was sie bei Völlegefühl oder sexueller Lustlosigkeit tun. Völlig wirklichkeitsfremd ist heute, was Lord Chesterfield 1747 an seinen Sohn schrieb: «Vor allem verbanne das Ich aus deinen Gesprächen! Denke niemals daran, andere von Deinen eigenen Angelegenheiten zu unterhalten! Sind sie auch für Dich wichtig, so sind sie doch für jeden anderen langweilig und albern. Zudem kann man seine eigenen Dinge niemals geheim genug halten.»

Lächerlich! Hoffnungslos verstaubt! *Reden* muß man über sie. Tatsächlich gilt heute als suspekt, wer sich nicht unentwegt bekennt, entäußert, enthüllt – am besten mit dem Versprechen, das nun aber wirklich allerletzte Tabu zu brechen. «Warum schweigen die Intellektuellen (die Deutschen, die Männer)?» ist zur ultimativen Drohgebärde geworden, da offenbar niemand zugeben will, daß er und sie es grad ganz angenehm fand, daß sich die Dichter und Denker mal nicht auf allen Kanälen zu etwas äußern, von dem sie sowieso nichts verstehen. Aber muß man heute von einer Sache etwas verstehen? Oder reicht es zu tun, was in unvordenklichen Zeiten Damenprivileg war: Gefühle zu zeigen und, egal, worum es geht, für Menschlichkeit zu plädieren – weil das irgendwie immer richtig ist?

Die Journalistenfrage, wie man sich denn dabei gefühlt habe (auf den Trümmerfeldern Tel Avivs nach dem Einschlag einer von Saddam Husseins Raketen, bei der vorsätzlichen Ausübung von Mietwucher, als soeben dem Tod entronnener Fährengast, als Massenmörder, nach der Fahrerflucht – Liste beliebig fortsetzbar), wird von geübten Fernsehadepten längst vorweggenommen. Man redet nicht mehr über die moralische oder strafrechtliche Dimension einer Tat, sondern über die Gefühle, die man hat oder hervorrufen läßt. Die medial vermittelte Befindlichkeitskultur reißt endgültig den morschen Jägerzaun zwischen Privatsphäre und öffentlicher Arena ein. Denn auch in der Öffentlichkeit, einst Reich allgemeiner Belange, ja des Gemeinwohls, Reich der Objekte und sachlicher Entscheidungen, Reich, natürlich, auch der Männer, gilt heutzutage das angeblich feminine Prius der «Gefühle, die man dabei hat». Die Welt als Wille und Wohnzimmer – wirklich ist sie nur noch, sofern sie im einzelnen etwas hervorruft, das früher zu den allerprivatesten Regungen gehörte: ein Gefühl.

Daß die Welt nur noch ist, was in mir etwas hervorruft, verdankt sich unzweifelhaft der tätigen Mithilfe des Fernsehens, das fälschlich noch Medium heißt, denn es ist das Instrument der Unmittelbarkeit schlechthin. Zwischen Zuschauer und Ereignis steht keinerlei Vermittlungsinstanz mehr – noch nicht einmal, im Zeitalter der *real time*, die Distanz vergangener Zeit. Selbst der «Moderator» ist selten noch ein Vermittler, er und sie leistet, wenn es Profis sind, Überzeugungsarbeit, die in Übereinstimmung mündet und insofern ein Gemeinschaftserlebnis herstellt. Die Gemeinde der just Zuschauenden – vereint.

Auch für Fernsehzuschauer dürfte gelten, was Gerhard Schulze

über den Rest der Gesellschaft sagt: Sie suchen nach dem Gemeinschaftserlebnis der Übereinstimmung, nach dem, was ähnlich ist,
mit dem sie sich identifizieren können – alles andere wird gemie-
den. Gesegnet sei die Fernbedienung und das Ende der autoritären
Bevormundung durch die öffentlich-rechtlichen Anstalten und
ihre mickrigen drei bis vier Programme, die den Zuschauern regelmäßig pädagogische Erweckungserlebnisse andienen wollten. Was
stört, wird heute weggezappt, denn Fernsehen ist auch anderswo.
Bedauerlich, liebe Pädagogen der Nation, aber das ist nun mal der
Preis der Freiheit!

Auch das hat ein Stück Geselligkeit erledigt. Spätestens seit es
nicht mehr alle Bundesrepublikaner zur täglichen Andacht der Ta-
gesschau versammelt und, wenn der nächste Durbridge-Krimi angesagt ist, die Straßen der Nation menschenleer fegt, ist das Fernsehen kein Instrument der Öffentlichkeit mehr, das in den eigenen
vier Wänden Erlebnisse vermittelt, die wenigstens noch insofern
gesellig sind, als sie ausgetauscht werden können: Die Kollegin im
Büro hat mit hoher Wahrscheinlichkeit den gleichen Krimi gesehen
wie ich, wir erzeugen insofern eine gemeinsame Erfahrung, indem
wir darüber reden.

Mit der Vielzahl von Programmen und mit neuen Spektakeln
aber scheint es vielmehr heute die Erfahrung der partikularen, der
je besonderen Existenz zu verstärken, die der einzelne fernab der
anderen führt – vermittlungslos und unmittelbar nur zum Ereignis,
dem Medienerlebnis, selbst.

Aber hatten die mittlerweile vervielfältigten Talkshows nicht
einmal die Funktion des Gesellschaftsersatzes, waren sie nicht die
Salons und Stammtische der Nation, in denen stellvertretend für
die Zuschauer sonst unterzugehen drohende Gesprächskulturen
gepflegt wurden, in denen Meinungsbildung und Haltungen öffentlich wurden, in denen im offenen Prozeß demokratischer Debatte genau das sich entwickelt, was in diesem Buch gefordert
wird: neue Konventionen, neue Übereinstimmungen über Sitten
und Gebräuche? Bestimmt. Und stehen sie nicht für eine wirklich
demokratische Öffentlichkeit, an der jeder partizipieren kann,

nicht nur die Schönen und die Reichen? Im Prinzip ja, faktisch nein. Die Inszenierungen von «Streitkultur», zu denen sich die biederen Frühschoppen, Elefantenrunden und Presseclubs fortentwickelt haben, in denen man ja meist wirklich nur brav abgefragte Nichtigkeiten austauschte, sind nicht nur von großer Künstlichkeit, sondern honorieren längst jene «wirklicher» Kommunikation einigermaßen abholden Tugenden wie Lautstärke, Unzugänglichkeit, Starrköpfigkeit. Den anderen niederbrüllen oder nicht zu Wort kommen lassen – das kann nicht jeder. Und wenn das wechselseitige Niedermachen, der abgewandte Blick und das verschlossene Ohr, wenn das reine Beharrungsvermögen und die Kunst, sich durch andere und durch Argumente nicht beeindrucken zu lassen, die neuen Konventionen sind, dann haben sie noch einmal bekräftigt, was auf den Straßen und Plätzen der Nation längst stilbildend geworden ist. Das Fernsehen bestätigt das Bild von einer Welt voller unendlicher Gefahren: draußen herrschen Mord und Totschlag, drinnen sind «Streitkultur», sadomasochistische und andere Kampfhandlungen, Kindesmißbrauch und Vergewaltigung an der Tagesordnung. Wie gut, daß es für mißlungene sadistische Fesselungsakte heute wenigstens einen auf Befreiung spezialisierten S-M-Klempner gibt.

Ähnlich tröstlich: auch aus dem Fernsehpanorama von der Welt, wie sie angeblich ist und sein soll, gibt es einen Ausweg: den Netzstecker. Ob Fernsehen den Menschen zum willenlosen Zombie macht, zur asozialen *couch potato*, weiß ich nicht – höchstens, daß jeder selbst die Verantwortung dafür hat, das Ding aus- oder einzuschalten. Eine benevolente Erziehungsdiktatur wie jene jüngst vergangene östlich der Elbe haben wir, gottlob, hinter uns. Die Warnung vor dem verderbenbringenden Fernsehen paßt nur zu gut zum allfälligen Hang zur Selbstentmündigung, weshalb wir auch hier wieder die hochgezogene Augenbraue und das kulturpessimistische Dräuen in der Stimme nicht zum Einsatz bringen wollen, denn das TV hat sich längst selbst zu einem Begleitmedium unter anderen heruntergebracht, seine Glaubwürdigkeit ist passé, und selbst die Werbewirtschaft zieht nicht mehr aus jeder Einschaltquotenmeldung Schlüsse auf die Reichweite ihrer Botschaften.

Andererseits: das Fernsehen prägt ohne Zweifel die allgemein verbreiteten Vorstellungen von dem, was öffentlich, und dem, was privat ist. Es holt die große weite Welt ins Wohnzimmer und reduziert zugleich alles, was geschieht, auf die Gefühle, die es beim stillen Beobachter auslöst – der insbesondere dann emotional gepackt werden und bis zum nächsten Werbeblock bei der Stange gehalten werden muß, wenn er keineswegs still sitzt und glotzt, sondern bei laufendem Apparat bügelt, Schulaufgaben macht, häkelt, kocht oder Ikea-Regale zusammenschraubt. Der Fernsehzuschauer und die Fernsehzuschauerin sind spröde, flüchtige Wesen, weshalb das Medium mit aller Macht um ihre Aufmerksamkeit buhlt. Hat es deshalb Macht? Oder gar das Deutungsmonopol? Ich glaube nicht, denn wer weiß wirklich, wer was wie sieht und vor allem: wie viele gar nicht mehr hinsehen?

Deshalb: die Mechanik des Fernsehweltbilds verdankt sich weniger der Tücke denn der Logik des Objekts. Wo Öffentlichkeit nicht auf die «große Politik» beschränkt ist, Verlautbarungen verbreitet und bloße Befunde mit politischem Handeln verwechselt, ist sie notgedrungen auf das Außergewöhnliche und Sensationelle verwiesen: die Normalität ist keine Nachricht. Die Welt, über die insbesondere ein so bild- und emotionsorientiertes Medium wie das Fernsehen berichtet, ist notwendigerweise mit der Wirklichkeit nicht identisch: was auf dem Bildschirm in der Häufung der Fälle alltäglich erscheint, ist es im Leben der meisten Menschen nicht. Mord, Totschlag, Körperverletzung und Vergewaltigung, Verkehrsunfälle, Explosionen, Wohnungsbrände, Flugzeugabstürze, Atomkraftwerksunfälle, Weltuntergänge sind etwas, womit die wenigsten Menschen im wirklichen Leben engeren Umgang pflegen. Im Gegenteil, noch nie war die Wahrscheinlichkeit so groß, daß ein Mensch in unseren Breiten friedlich und im hohen Alter und im eigenen Bett dahinscheidet. Noch wissen das die meisten von uns. Noch – solange nicht auch andere Wahrnehmungsquellen das Gegenteil suggerieren.

Denn die Wahrnehmungslogik des Fernsehens bedient tiefe Sehnsüchte und tiefe Ängste. In unseren Breiten scheint die Sensation auf dem Bildschirm und die Aufforderung, durch sie ein Gefühl zu erleben, zu einer Vielzahl paradoxer Reaktionen beim Publikum zu führen. Denn nicht nur ist die Welt nur, insofern sie ein Gefühl in mir auslöst. Auch das Gefühl in mir erzeugt Welt – womöglich gar jene mörderische, brutale, beängstigende Welt der Raubüberfälle, Mordanschläge und Atomexplosionen, als notwendige Folge dessen, daß meine Stimmung nicht der milden Güte richtigen Empfindens entspricht? Daß die psychische Disposition jedes einzelnen etwas mit dem Zustand (dem immer schlimmer werdenden) der Welt zu tun habe, ist jedenfalls ein weitverbreiteter Glaube, der nicht nur der deutschen Tradition protestantischer Innerlichkeit entstammt, sondern auch mit der Vorstellung zu tun hat, in der Risikogesellschaft sei auch noch die allerprivateste Regung direkt mit dem Weltgeschehen verknüpft. Der Verstrickungszusammenhang der Risikogesellschaft erklärt auch noch das scheinbar allerprivateste, das Gefühl des Individuums, zum Treibstoff in einem hochexplosiven Geschehen, dem höchstens Superman noch mit Aussicht auf Erfolg entgegentreten könnte. Die Fernsehlogik, derzufolge es die Extreme sind, die das notwendige Quantum an Gefühl erzeugen, das Aufmerksamkeit garantiert und die Fernsehtechnik, die die Welt ins Wohnzimmer liefert – beides verbindet sich mit der großen Angst der Menschen der prosperierenden Industrienationen, am Elend anderswo in existentiellem Sinn schuld zu sein.

Das Private ist moralisch

Das Aufreißen des Eisernen Vorhangs, das Ende des Kommunismus hat noch einmal deutlich gemacht, daß das universelle Versprechen der westlichen Demokratien nicht zu halten ist: alle, die den Weg von Freiheit und Menschenrechten gehen, könnten es damit auch zu unserer Art von Wohlstand bringen. Unser Wohlstand ist exklusiv und wird durch die Verteilung auf mehr Menschen und Länder auch nicht wachsen. Und: Alle Menschen Autofahrer, ganz China im Besitz von Kühlschränken und anderen Energiefressern? Die Vorstellung ist alptraumhaft. Seit wir um die ungeheuren Unterschiede der Lebenslagen von Menschen wissen, ist das Schuldgefühl des Westens sprichwörtlich geworden – ein Wissen, das historisch so neu ist, daß der Umgang mit ihm auch heute noch schwerfällt. Früher erfuhr man nichts von Pestepidemien in fernen Ländern. Heute sind sie ein paar Flugstunden nahegerückt und per Fernsehen bereits im Wohnzimmer angelangt.

Das Schuldgefühl des Westens läßt sich in unseren glaubensfernen Zeiten nicht mehr damit relativieren, der Herrgott oder das Schicksal hätten es eben mit uns unverdienterweise besonders gut gemeint. Es basiert vielmehr auf dem Glauben an Ursächlichkeit: nicht nur daran, daß unser Reichtum auf dem Raub an anderen beruhe, sondern daß man ihn auch nur aufrechterhalten könne auf Kosten der Gegenwart und Zukunft anderer Völker und Länder. Unser Lebenszuschnitt ist schuld am Hunger anderer. Mehr noch – im Zeitalter der Risikogesellschaft hängt alles mit allem zusammen: Unser Lebensstil entscheidet über den Zustand des Globus auch, wenn wir das Deospray kaufen, den Kühlschrank oder das Waschmittel – ganz zu schweigen von der Entscheidung über die Kinderzahl. «Die Nordsee liegt in Ihrem Waschbecken!», wie das einmal ein Umweltschützer auf Spiekeroog ausdrückte. Daß das angeblich so Private immens politisch ist, hat jüngst die Weltbevölkerungskonferenz bestätigt: Nicht von politischen Entscheidungen «oben», sondern von sozialer und rechtlicher Lage, von Ausbildung und Beschäftigung der Frauen «unten» hängt ab, mit welcher Zahl von Menschen man es sich künftig gemütlich machen will.

Der Entwertung des Privaten tritt damit seine Überfrachtung würdig an die Seite: Privat ist nicht nur die Hölle, in der vergewaltigt und malträtiert wird, privat ist auch der Ort, an dem der Weltuntergang eingeleitet wird. Da das ein bißchen viel auf einmal ist, erlauben sich die meisten Menschen, wovon sie wissen, daß es nicht erlaubt ist – das gnädige Verdrängen, das hilft, das Leben in einer überwiegend gut ausgestatteten Gegenwart dankbar hinzunehmen. Die *Logik* der Entwertung und Überfrachtung des Privaten aber prägt unsere öffentliche Moral, in der diese Zusammenhänge zunehmend eingeklagt und in Aufrufe zu Einkehr und Umkehr umgemünzt werden.

Die Sprache, in der hierzulande gern über Moral geredet wird, ist eine Sprache, die sich Vokabeln der Gemeinschaft und der Identitätsstiftung bedient und meistens vorwurfsvoll klingt. «Das geht alle an», oder: der Rechtsextremismus komme «aus der Mitte der Gesellschaft», oder: «Alle Männer sind potentielle Vergewaltiger» oder «Heute die, morgen Du» klagen Zusammenhänge ein, denen sich auch die nicht entziehen können, die für sich geltend machen können, mit Rechtsextremismus nichts zu tun zu haben und an Vergewaltigungen nicht auch nur einmal gedacht zu haben – und die im übrigen Wert darauf legen, daß das Problem der Solidarität gerade darin liegt, daß man sie mit denen entwickeln sollte, deren Schicksal in aller Wahrscheinlichkeit nie das eigene sein wird; mit denen man sich also nicht identifizieren kann. Es sind Sätze, die den Zustand der Welt nicht an Institutionen, Regeln und politische Entscheidungen binden, an politische Übereinkünfte und allgemein verbindliche Umgangsformen also, sondern an den Charakter der einzelnen, der sich in der Masse bedrohlich bündelt zu einem Monstrum, das beständig gegängelt und mit der moralischen Peitsche bei Fuß gehalten werden muß. Diese öffentliche Sprache propagiert Unmittelbarkeit und versagt dem einzelnen die Entlastung, die großen Probleme von sich zu weisen und dem Schöpfer, dem Schicksal oder «denen da oben» zuzuschieben: das sei «obrigkeitsstaatlich». So wird Selbstverantwortlichkeit desavouiert: wenn sie da eingefordert wird, wo sie schlechterdings nicht möglich ist.

Sowenig die Ohnemichel-Attitüde noch funktioniert, derzufolge «die da oben» mal machen sollen, während wir «da unten» uns um unser persönliches Fortkommen kümmern, so wenig trifft der Umkehrschluß zu, jeden einzelnen für schlechthin alles Elend auf der Welt in die Pflicht zu nehmen. Menschen reagieren auf diese

Art der Überfrachtung längst mit der Flucht in die Opfer-Attitüde und entziehen sich auch der Verantwortung, die sie übernehmen *könnten*. Die Kultur der Unmittelbarkeit entwertet die politischen Formen der Vermittlung: daß sich die Menschen Regeln, Gesetze, Institutionen, ja ganze Dienstwege und Hierarchien geschaffen haben, um nicht den einzelnen mit einer Verantwortung fürs Gemeinwesen zu überfrachten, die er nicht übernehmen kann, *und* um das Gemeinwesen nicht an die zufällige und unkalkulierbare Verantwortungsbereitschaft der einzelnen auszuliefern; das Grundmuster einer demokratischen Ordnung, die Beteiligung der Bürger will, aber von ihr nicht alles abhängig machen möchte – dieser schöne Gedanke entschwindet dem Bewußtsein. Politisches Handeln verliert seinen Wert, wo es nur auf den Charakter der einzelnen anzukommen scheint.

Nun ist das politische Rhetorik, durchsetzt mit ein bißchen Pfarrhaus, und muß man die so ernst nehmen? Vielleicht doch. Denn der Appell an innere Werte und der Verweis auf das Gefühl, das man haben müsse, entwertet Handeln. Daß Gefühle und Meinungen nicht identisch sind mit einer Tat, dieser Grundsatz liberaler Öffentlichkeit verschwindet aus dem öffentlichen Moraldiskurs. Natürlich ist es wichtig, in welchem gesellschaftlichen Klima sich Gewaltexzesse wie die der rechtsradikalen Mordtrupps abspielen. Und dennoch ist festzuhalten, daß nicht das Klima die Tat begeht. Gemordet und gebrannt haben auch nicht Ausländerhaß und Antisemitismus: sie sind Gefühle, die man nicht verächtlich genug finden kann. Aber Gefühle töten nicht.

Wenn in einer Gesellschaft lieber über das «Klima» für Gewalttätigkeit geredet wird denn darüber, wie man sie nüchtern und pragmatisch möglichst verhindern, wenigstens ahnden kann, dann läßt das auf ein hohes Maß an Bereitschaft zur Selbstkritik schließen. Aber auch auf ein völliges Fehlen von Selbstdistanz und auf eine gefährliche Neigung zu Grandiosität: was wir fühlen, ist imstande, die Welt in Brand zu setzen. Mal abgesehen davon, daß dem deutschen Volk das einst ziemlich umfassend gelungen ist, gehört dazu mehr als ein paar böse Gedanken. *Tun* ist das Entscheidende.

Für solcherlei lebenswichtige Distinktionen ist die Unterscheidung in einen privaten und in einen öffentlichen Menschen von Bedeutung. Privat darf sich jeder denken, was er will. Das ist Gedankenfreiheit, Sire. Was er *tun* darf, begrenzen die Regeln des menschlichen Zusammenlebens. Wir dürfen einander alle und mit hohem Recht und großer Plausibilität unausstehlich finden – wen soll man denn schon verachten außer dem Menschen in seinem meist ziemlich unerträglichen Sosein und Dasein? Unsere gesellschaftliche Vereinbarung aber lautet, daß wir uns deshalb ebensowenig an die Gurgel gehen wie aus religiösen Gegensätzen oder Bereicherungswillen. Wer den inneren Zustand der Menschen zum Maßstab macht, entwertet die Regeln, die sie sich gegeben haben, weil sie um ihre Unzulänglichkeit wissen.

Konventionen, Abkommen, Regeln und ihre Bekräftigung sind, behaupte ich also, weit wichtiger als die infantile Suche nach der endgültigen Erlösung der Welt von üblen Gedanken und bösen Gefühlen. Die Verwischung jener Sphäre, die einst Öffentlichkeit oder gar Bereich des Gemeinwohls hieß, zugunsten der Charakterschau von Privatmenschen; die Fiktion, es gebe keine Sachen, Entscheidungen, Objekte mehr, sondern nur noch subjektive Gefühle und Befindlichkeiten, ist weit entfernt davon, die Welt friedlicher zu machen. Sie bestreitet vielmehr den Menschen ihre (negativen) Gefühle, ohne ihnen einen nichtpersönlichen Umgang mit widrigen Personen und Verhältnissen zu ermöglichen.

Falls Sie sich soeben noch fragten, was dies alles mit unserem Thema zu tun hat: den Umgangsformen und ihrem Verschwinden bzw. ihrer Formveränderung, so läge hier die vorsichtige Antwort. Ihre Angst und ihre Wut können die Menschen einander nicht nehmen – aber sie können sie einander ersparen, zumindest in der Öffentlichkeit, in der nicht jede Konfrontation gleich zum Beziehungsgespräch führen kann. Das ist der tiefere Sinn der Umgangsformen: einer Begegnung mit Fremden in einer Welt, deren Hauptkapital nicht gerade das Vertrauen ineinander ist, die Bedrohlichkeit zu nehmen.

V
Terror der Tugend

«Uns schwebt eine Art sprachliches
Lourdes vor, wo ein kurzes Eintauchen in die Wasser des
Euphemismus alles Böse und alles Ungemach weichen läßt.»

Robert Hughes

Die Entdeckung des Ichs

Natürlich sind wir alle frühkindlich geschädigt. Tief drinnen in jedem von uns steckt ein Kind, das man zwar heute nicht mehr, wie in den seligen siebziger Jahren, dauernd «rauslassen» muß (weil man ja nicht «zumachen» darf). Aber sein beständiges Quengeln verlangt im Zeitalter der hedonistisch geschulten Individualisten jedenfalls ein schnelles Reaktionsvermögen. «Wenn der kleine Hunger kommt», muß ohne Umstände für Befriedigung gesorgt werden. «Ich brauch das halt» ist der Satz, der einfach alles entschuldigt, und «Ich versteh das irgendwie nicht» delegiert die gedankliche Anstrengung an den anderen, der nicht verständlich genug war. Und nichts sichert einem so unverzüglich die ungeteilte Aufmerksamkeit der anderen Tischgäste, als wenn man mit deutlichem Mißvergnügen sagt, man habe sich schon darauf eingestellt, hier doch nicht zu Wort zu kommen.

Es gibt eine neue Sorte von Unhöflichkeit, die ganz anders aussieht als die breitschultrige Ruppigkeit im öffentlichen Raum. Sie kommt äußerst samtpfötig daher, ist weibliche Spezialität, wird aber mittlerweile auch von Männern gern genommen, und ist um so machtvoller, als sie sich im klagenden Ton des Opfers einbringt: «Ihr unterdrückt mich.» Während früher das unfreundliche Diktum herrschte, man möge doch schweigen, wenn man nicht mitreden könne, geht heute gottlob alles viel humaner zu: es braucht nur eine(r) zu monieren, sie komme nicht mit, schon ist das Gespräch gestorben. Selbst dran schuld, könnte man meinen – warum redet man auch nicht mehr, wie einst, von Unverfänglichem wie dem Wetter und der Gartenarbeit, Gesprächsthemen, die alle einbeziehen und niemanden überfordern? Wohl wahr, aber damit kann man den Entrechteten und Enterbten von heute nicht kommen. Erstens haben sie keine Zeit, nach dem Wetter zu gukken, und zweitens sind sie nicht so privilegiert, über einen Garten zu verfügen. Vor allem aber: sie möchten ja gar nicht ernsthaft

mitreden, nur immer wieder mit erhobener Stimme und gereck-
tem Zeigefinger auf ihre Lage hinweisen: «Ich komm hier wieder
gar nicht vor.»

Daß «Ich» überall und immer vorkommen muß, gehört zum
gesicherten Besitzstand in unseren modernen Zeiten. Von sich
selbst absehen ist keine Kunst, die noch gern geübt wird – weshalb
der Aufschrei der Entrechteten zumeist auch völlig ohne ironische
Selbstdistanz erfolgt: er ist bluternst gemeint. Sachdienliche Hin-
weise sind da ganz verfehlt, etwa der, wer aufschreit, habe doch
just das Wort, könne davon also auch für substantiellere Aussagen
Gebrauch machen. Nein – der Aufschrei geschieht um seiner selbst
willen. Er ist die Rache des kleinen Mannes und der kleinen Frau,
die sich zum Maßstab der Dinge erklärt haben. Dem Kunstwerk
gegenüber wird mit unschuldigem Augenaufschlag angeführt:
«Ich kann mich da so gar nicht wiederfinden», die Aufforderung
zur gedanklichen Anstrengung wird gekontert mit der Behauptung, das sei elitär, und jedem, der etwas zu sagen hat, wird attestiert, er nutze seine Machtposition aus. Der Klageton des Opfers
verbindet sich dem verbreiteten anti-elitären Affekt, und schon ist
das Gespräch auf jenes Niveau gebracht, das versierte Opfer anstre-
ben: das eigene. Sie sind für nichts verantwortlich, mußten immer
nur einstecken und können vor allem eines nicht ertragen: daß jemand diese Sicht nicht teilt.

Man kann auch aus der Position der Schwäche heraus dominant
sein, wie Partygäste bescheinigen können, die schon erlebt haben,
wie eine einzige Person den ganzen Laden in Atem hält mit der
beständigen Beteuerung, sie habe endlich ihr Ich entdeckt und folge
nur noch dessen Stimme. Denn müssen wir nicht jedem applaudie-
ren, der sich nicht mehr unterdrücken läßt, egal, ob wir es dann
sind, die nicht zu Wort kommen? Und ist Ichorientiertheit schließlich nicht auch geboten in einer Zeit, in der Arbeitsprozesse und
Lebensorganisation in viel höherem Maß als früher Selbständigkeit
und eigenes Urteil verlangen? Die nervenden Ichsager der Nation
illustrieren ein modernes Dilemma am schönsten: die Spannung
zwischen Selbstverantwortung und Ichobsession.

Das Problem ist nur: Von Selbstverantwortung ist bei den notorischen Fällen nur selten die Rede. Ihr Ich ist ein geknechtetes, das Tag um Tag Kompensation erheischt, Entschädigung für die Verletzungen aus der Kindheit und durch widrige Verhältnisse, für die alle zu zahlen haben, denen es scheinbar «besser geht» – wobei das den glücklicheren anderen nicht als eigene Leistung attestiert wird, sondern als unverdientes Privileg entlarvt gehört. Wer als Begünstigter kritisiert wird, aber geschickt ist, reagiert deshalb mit der eindringlichen Schilderung eigener frühkindlicher Verletzungen und dem Bekenntnis, seither auch nur noch das eigene Wohl zu beachten. Das stiftet Gemeinschaft und hilft in der Situation, kann aber langfristig dazu führen, daß man plötzlich überall mitleidig angeguckt wird: «Wußten Sie schon? Der X mußte als Kind den eigenen Vater...»

Der öffentliche Raum ist angefüllt mit Opfern, die aus ihrem persönlichen Mißbehagen und ihrer Gefühlswelt eine Weltanschauung gemacht haben – das sei, behaupten Kritiker, letztendlich die Wurzel jener *Political Correctness*, die in Amerika diskutiert und umstritten ist. Sind das die Umgangsformen, mit denen wir künftig rechnen müssen?

PC – die neue Höflichkeit?

Benimmbücher und -apostel haben zu allen Zeiten den Verfall der Sitten beklagt, die Roheit der Jugend, den Egoismus des Alters, den Verlust von Lebensart, Anstand und Umgangsformen. Meistens haben sie nur übersehen, daß sich längst etwas anderes entwickelt hatte; daß die Menschen weiterhin Umgang miteinander pflegten, wenn auch auf andere Weise. Und obwohl Welten liegen zwischen der heutigen Informalität und dem Reigen guter Umgangsformen, die man noch in den frühen sechziger Jahren in der Tanzstunde lernen mußte, ist nicht zu leugnen, daß die Menschen auch heute Regeln im Umgang miteinander haben. Aber welche?

Unsere Weise des Zusammenlebens unterscheidet sich von früheren Zeiten in zweierlei Hinsicht: erstens darin, daß sich noch nie, trotz drängender Enge, Menschen so unabhängig voneinander, so beziehungslos bewegen konnten, und, zweitens, daß sie ohne Gott und Kaiser sind, das heißt, daß sie ihr Leben in Selbstverantwortung und nach eigenen Regeln gestalten müssen. In der individualistischen Moderne wird nicht einfach mehr von den Eltern zu den Kindern weitergereicht, wie man es richtig macht und was sich gehört, sondern alles muß neu ausgehandelt werden – auch ein neuer Kanon der Umgangsformen.

Die Milieus und Szenen der Republik haben damit kein Problem: jene Regeln zu definieren, wer zu ihnen gehört und wer ausgeschlossen ist. Was aber ist mit jenen Regeln, die für alle gelten sollen? Der Soziologe Zygmunt Baumann sieht das Problem darin, daß kein «Führer» oder eine gesellschaftliche Elite mehr vorgeben kann, wo es langgeht, daß aber der Erfindungsreichtum, der «von unten», aus der Gesellschaft, kommt, bislang recht wenig entwickelt zu sein scheint. Denn noch gelingt es den Menschen, unangenehmen Situationen und Begegnungen einfach aus dem Wege zu gehen, anstatt mühselig den Kompromiß miteinander zu suchen. Schöne Idee – neue Regeln des Umgangs, die Konventionen des alltäglichen Miteinander, in zwischenmenschlicher Zusammenarbeit zu erfinden. Wunderbar – die Vorstellung eines neuen Aushandelns dessen, was wir voneinander legitimerweise erwarten dürfen. Aber wer fängt an?

Nun – vielleicht hat schon längst jemand angefangen mit dem Erfinden von Regeln. Der Sprachwissenschaftler Harald Weinrich hat das einmal versuchsweise unterstellt, als er fragte, ob nicht *Political Correctness* als eine neue Form der Höflichkeit aufgefaßt werden könne – *Political Correctness*, kurz: PC, jene nordamerikanische Übung, gesellschaftlicher Ungleichheit auf der semantischen Ebene zu wehren. PC, ursprünglich der Versuch gesellschaftlicher Minderheiten, sich gegen sprachliche Ausgrenzung zur Wehr zu setzen, spielte zunächst eine große Rolle bei den Schwarzen und den Frauen. PC war Anerkennung kultureller oder ethnischer Minoritäten, Akzeptieren ihrer «Identität», des Kampfes um die Be-

wahrung ihrer ethnischen oder kulturellen oder geschlechtsspezifi-
schen «Eigenheit» gegenüber den Assimilierungsansprüchen der
dominanten weißen männlichen «Mehrheit». PC scheint heute,
glaubt man den Korrespondentenberichten, zum Instrument eines
neuen Tugendterrors geworden zu sein, zu einem Abgrenzungsri-
tual den anderen gegenüber.

Es ist eher unwahrscheinlich, daß uns hier ähnliche ideologische
Schlachten blühen. Wir sind im Vergleich zur Einwanderungsge-
sellschaft USA noch immer ein vergleichsweise homogenes Land,
noch weitgehend ohne die Selbstbehauptungskämpfe ethnischer
Minderheiten, obwohl auch das zunehmend eine Rolle spielt.
Noch ist das hier ein Land, in dem es in der Polizeimeldung über
gewalttätige Auseinandersetzungen zwischen Gruppen verschie-
dener, nichtdeutscher Nationalität heißt: «Ein ausländerfeindlicher
Hintergrund ist nicht zu erkennen.» Idyllische Zustände, in denen
Ausländerfeindlichkeit ein Privileg der Deutschen ist...

Vielleicht haben wir sogar, denkt man an den Geschlechterkampf, die Hochzeit von PC bereits hinter uns. Aber sofern PC auf
die Spitze getriebene «Erlebnisgesellschaft» ist, nämlich der Kampf
der einzelnen Milieus um Platzvorteile innerhalb des Ganzen, ist die
Debatte über den Charakter von *Political Correctness* auch hierzulande lohnend. Geht es nur um Respekt? Oder ist PC die Form, die
sich der moderne Tribalismus gibt?

PC fordert Korrektheit nicht im Sinne allgemeiner Regeln, an
die man sich zu halten hätte; sie propagiert auch nicht Werte und
Tugenden wie Pflicht- und Verantwortungsbewußtsein oder Gemeinsinn. Dennoch geht es auch bei PC um Regeln, und wer gegen
sie verstößt, wird selten sanftmütiger behandelt als jene, die zu
früheren Zeiten die Gebote der Gesellschaft übertraten. Der Unterschied scheint darin zu liegen, daß die Regeln des politisch Korrekten nicht mehr von der herrschenden Schicht oder Klasse formu-
liert werden, sondern von denen, die sich mit mehr oder weniger
Recht als Opfer der Unterdrückung empfinden – und damit, wie es
die Dialektik will, unangreifbar machen.

Eine der wichtigsten Regeln der *Political Correctness* lautet, daß es

keinerlei objektive Kriterien, keinen allgemeingültigen Regel-
kanon mehr gibt, wonach Verstöße wahrgenommen, bewertet
und geahndet werden, sondern daß das Opfer bestimmt, was es als
Diskriminierung oder Belästigung empfindet. (Eine Forderung,
die ebenso totalitär wie verständlich ist: noch bis vor kurzem war es
üblich, Frauen zu unterstellen, sie hätten Belästigung «herausge-
fordert», im Grunde gewollt oder eine freundliche Geste des Mannes mißverstanden.) PC ist nicht mehr, wie frühere Höflichkeitsformen, Verhaltensset der dominanten Elite, sondern Politik der
Opfer. Die vertrackte Dialektik dabei: plötzlich wollen alle dazu-
gehören und an der geballten Deutungsmacht des Opferstatus teilhaben – denn wer sich als Opfer definiert, reklamiert den Ausnahmezustand und muß sich an die allgemeinen Verkehrsregeln nicht
mehr halten.

In vieler Hinsicht scheint PC besonders gut in die deutsche Land-
schaft zu passen, weil es die *«German Angst»*, die Verdachtskultur
hierzulande beflügelt. Auch die deutsche Öffentlichkeit ist überaus
geschult im Umgang mit verdächtigen Meinungsäußerungen und
überprüft streng Habitus und Sprachstil auf die Ismen der Zeit: auf
Rassismus, Sexismus und Rechtsradikalismus.

Daß Sprachregelungen mit Höflichkeit zu tun haben können,
mit einer Aufmerksamkeit für die Benachteiligung des und die Re-
spektlosigkeit gegenüber dem anderen, ist unbestreitbar. Wer
«Asylbewerber» sagt statt Asylanten, will sich abheben von der
volksaufheizenden «Das-Boot-ist-voll»-Metaphorik. Wer von
den «Novemberpogromen» spricht statt von der «Reichskristall-
nacht», will den Opfern der Nazis deutlich machen, daß er die
sprachliche Verharmlosung durch die Täter nicht mitmacht. Wer
mit Verweis auf die Judenvernichtung das Wort «Rampe» auch aus
der Theatersprache verbannen will, macht sich indes lächerlich.
Zwischen Anerkennung und eifernder Säuberungsattitüde liegen
nur wenige Handbreit – eine Differenz, auf die es indes ankommt.

Das große I

Die feministische Sprachkritik hat in einem nun schon mehr als zwei Jahrzehnte anhaltenden Prozeß besonders erfolgreich alte Formen der Höflichkeit durch neue Weisen der Anerkennung ersetzt – ein Prozeß, der positive Bilanzen wie Verlustrechnungen aufweist. Mal abgesehen von mancherlei Albernheiten, die gottlob vergessen sind, haben sich die neuen Sprachregelungen heute erstaunlich umfassend durchgesetzt: die weibliche Form geht den Herren selbst vor weitgehend frauenfreien Räumen mittlerweile fehlerfrei über die Lippen – das war vor zehn Jahren noch durchaus anders, als sich auch die Gutwilligen zu verheddern pflegten, wenn sie den Genossen die Genossinnen und den Bürgern die Bürgerinnen hinzuzufügen sich anschickten. Dabei erwies sich diese Maßnahme, die damals zu mancherlei düsteren Prophezeiungen über zu erwartende Überlängen ohnedies schon langweiliger öffentlicher Reden geführt hatte – an Gregor Gysi kann man studieren, daß da was dran ist –, als überaus effektvoll: der Zwang zum Einsatz der weiblichen Form schärfte die Wahrnehmung – nicht nur für die Anwesenheit von Frauen, sondern insbesondere für ihre Abwesenheit.

Weshalb der symbolische Akt des Einbeziehens, einige genialische Lösungen wie das große «I» (und seine Abwesenheit bei unangenehmen Bezügen wie Mördern und Soldaten) hintangestellt, zunächst einmal zu rühmen sei: Tatsächlich hat das nervensägende Beharrungsvermögen mancher Feministinnen, ihr Insistieren auf der weiblichen Form, auch in diesem Land das Bewußtsein für Differenz geschärft. Der weiße Mann ist nicht das einzige Maß der Dinge. Und die Rangordnung, die er dem Rest der Welt zumißt, ist nicht allgemein gültig. Das Beharren auf der weiblichen Form war ein Beharren auf dem Recht der anderen, anders zu sein und zu bleiben; sich der dominanten Kultur nicht zu assimilieren, ohne auf gleiche Rechte zu verzichten. Die Logik solcher Politik der Differenz lief auf eine Art doppelter Staatsbürgerschaft hinaus.

Respekt, wie Frauenbewegte ihn damals reklamierten, sah in der Tat anders aus als das, was die Höflichkeit der Herren alter Schule für «Damen» oder «mein Fräulein» genannte Frauen vorsah. Warum war den Frauen, die damals die Etuiröcke und Stöckelschuhe auf den Misthaufen der Geschichte warfen, die vom Herrn galant unter ihren Ellbogen gehaltene Hand so zuwider? Nicht zuvörderst, weil diese Geste dem männlichen Geschlecht die beschützende und zuvorkommende Rolle zuwies, sondern weil sie die Frauen als hilflose und schützenswerte Wesen suggerierte, als zerbrechliche, ätherische Persönchen, die dem harten Leben des männlichen Berufsalltags nicht gewachsen seien. Frauen verbaten sich, in den Mantel geholfen oder die Tür aufgehalten zu bekommen, weil sie darin Herablassung verspürten – eine Herablassung, die noch in der Rolle der Angebeteten mitschwang, der Madonna. Denn wer als Frau dieses Rollenmodell verweigerte, für den blieb lediglich das Gegenbild der Frau von zweifelhafter Tugend.

Im Gespür für Herablassung in der Höflichkeit lagen Frauen damals selten falsch, woran nichts ändert, daß die Ruppigkeit der «Herren» gegenüber jenen «Damen», mit denen sie heute Berufswelt und öffentliche Fortbewegungsmittel (höchst ungern) teilen, keine erstrebenswerte Alternative ist – eine Ruppigkeit, die man den aufstrebenden jungen Karrieretypen noch nicht einmal mit dem Satz austreiben kann: «Vorsicht! Die Dame könnte Ihre zukünftige Chefin sein!», da sie wissen, wie unwahrscheinlich das immer noch ist. Die Strategie der Anerkennung hat keinen Ersatz für Höflichkeitsformen angeboten – vielleicht, weil man eine Zeitlang glauben konnte, die vollzogene Gleichheit zwischen den Geschlechtern erübrige allgemeine Umgangsformen. Männer in einer Männerwelt sehen indes noch heute die eine oder andere Kollegin nicht als Gleiche an: sie ist entweder ungebetene und unerwünschte Konkurrentin oder noch nicht einmal das. Vor allem aber: Sie gehört dem männlichen Komment nicht an, ist nicht Bestandteil jener gewachsenen männlichen Kultur des Einverständnisses und der Doppelmoral, derzufolge man sich im Beruf erbarmungslos streitet – selten um Sachen, öfter um Machtpositionen –, um hinterher in aller Seelenruhe eine Flasche Rotwein zu teilen. Eine Doppelmoral, von der frau lernen kann: nämlich zu unterscheiden zwischen dem, was persönlich, und dem, was ein gesellschaftliches, wenngleich ernstes Spiel ist.

Wenn die scheinbar so neutrale Sprache der Höflichkeit ihnen versagt ist, fällt vielen Männern im öffentlichen Raum auf die unerwartete und unerwünschte Präsenz der Frauen offenbar nur Ab- und Ausgrenzung ein, jene Ruppigkeit, die sie gerne auch noch mit einem lässigen «Ihr wolltet es doch nicht anders» legitimieren. Offensichtlich muß man Höflichkeit heute von jenen Girlanden alter Courtoisie befreien, die nur noch herabsetzen, nicht mehr erhöhen, damit sie wieder als das dienen kann, als das sie im öffentlichen Raum früherer Zeiten, unter Männern also, durchaus erfolgreich war: auf gleiche Regeln aufbauende Verkehrsform zwischen (wahrscheinlich) Ungleichen. Oder fehlt es Frauen an Drohpotential, im öffentlichen Raum gepflegten Umgang einzuklagen, der nicht die herablassende Galanterie vergangener Zeiten ist?

Auch wenn gute Manieren keine ausreichende Entschädigung für mangelnde Gleichheit zwischen den Geschlechtern ist: Ich für mein Teil vermag nicht einzusehen, warum es dem selbstgewollten Prozeß der Emanzipation geschuldet sein soll, daß junge Männer mir unter Aufbietung von scharfkantigen Aktenkoffern und Leibeskraft und unter Beschädigung meiner teuersten Strumpfhosen beim Einstieg ins Flugzeug den Vortritt nehmen. Auch bin ich um praktisch-handfeste Betätigung gemeinhin so wenig verlegen, daß ich nichts dagegen habe, wenn mir das Kofferschleppen auch mal abgenommen oder die Tür aufgehalten wird. Wer weibliche «Gleichberechtigung» männlicherseits als Ausrede für rüdes Benehmen nimmt, hat den Sinn von Umgangsformen in der Tat nicht begriffen.

Andere sind da geschickter. Die symbolische Politik der Sprachregelung leidet unter der Tatsache, daß sprachliche Anerkennung nichts an fortdauernder materieller Diskriminierung ändert. Geschickte Männer können deshalb das symbolische Arsenal der sprachlichen *Correctness* heute perfekt bedienen, weil sie wissen, daß diese Geste althergebrachte Machtverteilung nicht tangiert. Im Gegenteil: die Behauptung, nur «das Opfer» könne bestimmen, was es selbst als diskriminierend empfindet, hat Männer entlastet von einem Mitdenken in Sachen neuer Höflichkeit. Sie warten noch immer auf die weibliche Direktive.

Auch die feministische Sprachkritik hat weniger zu einer neuen Umgangsweise geführt, zu Sensibilität, zu Anerkennung und Respekt, sondern neigt zu dem, was Robert Hughes das Errichten von «kulturellen Bollwerken» nennt. Denn das sprachliche Insistieren auf Differenz bedeutet nicht nur die Anerkennung des einen, des weiblichen Lagers, sondern ebenso die Ausgrenzung des anderen, des männlichen. Die Behauptung etwa, Männer seien nicht nur alle potentielle Vergewaltiger, sondern auch faktisch rastlos mit sexueller Belästigung von Frauen befaßt, jene PC-Waffe im Geschlechterkampf, die an amerikanischen Colleges geschwungen werden kann, ohne daß dem Beschuldigten eine Verteidigungsmöglichkeit bleibt, ist eine Kriegserklärung – gewißlich jedenfalls kein Angebot auf einen neuen Geschlechtervertrag. Daß die Männer mit der Kriegserklärung angefangen hätten – etwa, indem sie Vergewaltigung als Kavaliersdelikt behandelten und das Opfer als eigentlich Schuldige –, ändert wenig am Tatbestand: daß der Diskurs der *Political Correctness* sich nicht interessiert zeigt an neuen Absprachen, sondern an der Moralisierung des Gegners. Denn wirklichkeitsnah ist sie nicht, die Unterstellung, Männer seien nicht nur ungehobelte Tröpfe, sondern in ihrer Mehrzahl auch noch Kriminelle.

Nicht nur in Amerika ist das Dunkelzifferaufgebot beträchtlich, das den männlichen Gegenpart von einigen ziemlich ekligen Einzelexemplaren her definiert: Männer treiben, so heißt es auch hierzulande, Frauen in nachgerade erschütternden Quantitäten in den von Magersucht verursachten Tod, schädigen den Nachwuchs schon im Mutterleib und gehen hernach ungerührt zum ganz normalen Alltag des Vergewaltigens und Mißbrauchens ihrer Familienmitglieder über. Das ist nicht nur ein irritierendes Männerbild. Es zeichnet vor allem ein schreckliches Frauenbild: die Frau als Opfer – ausschließlich.

Eine Männerkultur, die Vergewaltigung und ähnliche Verbrechen noch bis vor kurzem als Petitessen gehandelt hat, ist an dieser Bollwerksbildung gegen die Verständigung zwischen den Geschlechtern ebenso schuld wie die feministische Gegenkampagne der Verteufelung. Wenn der Geschlechterkonflikt allein solche Dimensionen hätte, dann müßten wir tatsächlich über solche Kleinigkeiten nicht mehr reden wie einen Umgang zwischen Männern und Frauen, der an die Stelle von Herablassung und Verunsicherung einen neuen Respekt setzt. Die Bollwerksbildung schließt die Möglichkeit der Reform und der neuen Einigung aus und macht dabei den positiven Impuls der feministischen Kritik zunichte. Die hat – wie viele Männer auch – längst den Verhandlungsraum verlassen.

Im Zweifel für den Angeklagten

Sybil Gräfin Schönfeldt verkündete einmal in einem Interview, sie weise – selbstverständlich! – auch ihre dreißigjährigen Kinder noch zurecht. Die Begründung ist denkwürdig: «Wie viel Freude macht es doch jemandem, wenn man sich um ihn kümmert. Denn das ist Benehmen ja.»

Wir wissen nicht, wieviel Freude der Gräfin Kinder wirklich empfinden. Aber daß man sich um jemanden kümmert, indem man ihn kritisiert, und daß dieses Kümmern Freude macht – das ist ein Gedanke, den man festhalten sollte, gerade weil er so offenkundig die harte Prosa verfehlt. Kritik hierzulande tritt nicht selten im Gewande radikaler Verdächtigungen auf. Wir ziehen weitgehende Schlüsse aus den Verfehlungen oder auch nur sprachlichen Wendungen der anderen: enthüllt sich an diesen scheinbaren Äußerlichkeiten nicht womöglich doch deren wahrer, also mieser Charakter? Die allfällige Bollwerkbildung will auf die Entlarvung hinaus und sammelt Indizien für die Verwerflichkeit des anderen – und damit sind seine Verfehlungen der Kritik nicht mehr zugänglich, denn was nützte es, streifte er den räudigen Pelz ab? Darunter verbirgt sich ja doch nur der Unhold, woran auch Besserung im einzelnen nichts ändert.

Kritik, die nicht Verdachtsausübung ist, bedeutet insofern tatsächlich, sich Mühe mit dem anderen zu geben. Wer kritisiert, zeigt, daß er noch etwas erwartet – von der Politik. Von der Jugend. Von der Literatur. Von den Männern. Von den Frauen. Die einzige Bedingung für Kritik ist: sie möge dem anderen eine Chance geben und sich vielleicht auch noch auf höfliche, ihn respektierende Weise vollziehen. Wer türenschlagend geht, zeigt, daß er nichts mehr erwartet. Der öffentliche Ton hierzulande signalisiert das: Um eine Verbesserung, Verschönerung, Reformierung des öffentlichen Raums, auch was die Begegnung zwischen den Geschlechtern betrifft, geht es dem hochideologischen Diskurs gar nicht.

Wenn Benimm heißt, sich ins Benehmen zu setzen, dann ist der Gräfin schwerlich zu widersprechen: Wem das Benehmen des anderen ein Thema ist, der nimmt Anteil an ihm. Und das wiederum, das Interesse, das man ihnen entgegenbringt, finden die meisten Menschen unwiderstehlich. Es gibt Kritik, die Beziehungen schafft. Das gilt indes nur, wenn der Kritiker die höfliche Distanz wahrt und der Kritisierte über Selbstdistanz verfügt – sich nicht persönlich angegriffen fühlt, was heißt, daß er sich nicht unauflöslich identisch glaubt mit sämtlichen seiner Äußerungsformen. Wer mit seiner Meinung identisch ist, ändert sie auch nicht, wenn es dafür Argumente gibt. Wo das Gefühl und Werte wie «Identität» und «Authentizität» dominieren, wird Kritik schnell als Beleidigung, ja sogar als Entrechtung oder Vergewaltigung empfunden, da sie ja gleich «die ganze Person» trifft. Denn Identität ist etwas, das man hat und nicht ändern kann: die «Natur», die formen zu wollen nur «Künstlichkeit» bewirke.

Unter dem Identitätsgebot verwirft jede Kritik den anderen. Die Dominanz des «Gefühls» und die Behauptung, was man tut und wie man sich benimmt, habe keinen «starren Regeln» zu folgen, sondern müsse «identisch» sein mit dem eigenen Empfinden, die Leugnung also der Differenz zwischen Verhalten und Person ist dabei eine der Therapiegesellschaft entsprechende kulturelle Befindlichkeit, die vielleicht den größten Anteil an der Entwertung von Formen und Regeln hat. Das ist die ins Positive gewendete

Karikatur angeblich weiblicher Haltungen, wonach es nicht um objektiv Faßbares gehen darf oder gar um das, was wahr und richtig ist, sondern vor allem, wie «ich mich dabei fühle». Bei den Ich-Sagern der Nation ist das Objektive nachgerade entwertet als das stets Gelogene: Wenn es um die Schrecklichkeiten auf dieser Welt geht, dann bekümmern diese Kreise weniger deren leider gleichwohl vorhandene Gesetzmäßigkeiten – das hieße ja, «sich auf ihre Logik einzulassen» –, sondern das Gefühl, das sie im Betrachter erzeugen und das mindestens auf das Niveau von Abscheu und Empörung hochzuschäumen hat. Was niemandem nützt – nur den Gefühlshabern, die sich im vollen Einklang mit der Moral wissen.

Das Postulat der Identität von Person und Haltung, Handlung oder Tat steigert nicht nur die Empfindlichkeit ins Unermeßliche, die Kritik hervorrufen muß. Sie entwertet vor allem eine für die abendländische Rechtsprechung ungemein wichtige Differenz: die Unterscheidung zwischen Tat und Täter, die darauf abzielt, nur die (kriminelle) Handlung zu verwerfen und zu ahnden, nicht aber die Person des Täters selbst. Nicht der Charakter wird be- und verurteilt (auch wenn er «berücksichtigt» wird), sondern die Handlung.

Die nach den Maßstäben der *Political Correctness* geführten Debatten auch hierzulande agieren indes hart am Rand der Verletzung dieses Prinzips – etwa wenn Männer schlechthin als «potentielle Vergewaltiger» gehandelt werden, denen vor Gericht der wichtige Grundsatz «Im Zweifel für den Angeklagten» zu verweigern sei, wenn das die Infragestellung der Zeugin, des Opfers, bedeutete. Ähnliches geschieht, wenn gefordert wird, Aussagen von Kindern über Mißbrauch keinem Zweifel auszusetzen. So widerlich mir die Verdächtigungen von Frauen in Vergewaltigungsprozessen sind, die Anwälte in Ausübung ihrer Mandantenverteidigung glauben anstellen zu müssen, so furchtbar die «Verfügungsgewalt» mancher Menschen über die «unmündigen» Kinder sich austobt, so unmöglich scheint mir eine Abkehr von der Schutzwürdigkeit auch des der schlimmsten Verfehlungen Verdächtigten zu sein: im Zweifel für den Angeklagten. Die Sentenz, *alle* Männer seien «potentielle» Vergewaltiger und Kinderschänder, steht jenem richterlichen Spruch in nichts nach, der während eines der Prozesse gegen die Rote-Armee-Fraktion in den achtziger Jahren zu Recht heftige Entrüstung hervorgerufen hat: Es komme auf die Wahrheitsfindung nicht sonderlich an, denn die Tat sei den Angeklagten «durchaus zuzutrauen». Das ist eine Kriegserklärung, die nichts anderes aussagt, als daß jemandem, qua Geschlecht oder politischem Bekenntnis, die Zugehörigkeit zu jenen bestritten wird, für die die Menschenrechte gelten.

Daß die kühle Formalität rechtsstaatlicher Praxis den Emotionen keinen Raum gibt, wird als ihr Vorzug selten gesehen. Dabei ist es ein großer, denn sie schützt Menschen vor den Folgen ihrer Gefühle und beläßt sie ihnen zugleich, indem sie ihnen gar nicht abverlangt, «objektiv» zu sein. Hier liegt der ziemlich tiefe Sinn der Unterscheidung zwischen Gefühls- und anderen Tatsachen: wer nur Tatsachen kennt, ist gefühllos, und wer nur Gefühle gelten läßt, tyrannisch. Daß niemand in eigener Sache richten solle, ist eine der großen zivilisatorischen Errungenschaften und erspart uns die Lynchjustiz – um einem Prozeß den Vorrang zu geben, der vielleicht nicht in Gerechtigkeit, sondern nur in einem (ja wieder anfechtbaren) Urteil mündet. Wer den Angeklagten erschießt, wie die Mutter den Kindesmörder, handelt aus nachvollziehbarem Empfinden – und maßt sich zugleich den Ausnahmezustand des Opfers an. Das zerstört *die* Chance des geregelten Verfahrens: die irrtums- und damit menschenfreundliche Möglichkeit, ein Urteil zu revidieren. Wenn wir wieder bei Lynchjustiz angelangt sind, weil dem anderen diese oder jene Schandtat ja «zuzutrauen» ist, dann gnade uns Gott.

Die Behauptung ist selbstherrlich, mit anderen Worten, nur das Opfer könne bestimmen, ob ihm Unrecht geschehen sei. Diese Selbstherrlichkeit entspricht der Tendenz, sich von Regeln, die für alle gelten, zu verabschieden. Ist Herrschaft mit Hilfe von Ausnahmegesetzen humaner, wenn sie von selbsterklärten Opfern ausgeübt wird?

Das versierte Opfer

Wir alle sind ein Opfer der Verhältnisse, Benachteiligte und Zu-kurzgekommene. Das ist so richtig, wie es nichts besagt: denn Gesellschaften, in denen niemand wenigstens über seine Kindheit zu klagen hätte, kennen wir nicht. Wieso das Gefühl, ein Opfer der Eltern oder der Gesellschaft zu sein, zu einem Sonderstatus berechtigt, ist also nicht ganz einzusehen. Desungeachtet nimmt der Gedanke, als Opfer der Verhältnisse sei man im eigentlichen Sinne nicht verantwortlich für das, was man gleichwohl tut, an Beliebtheit zu.

Warum ist es so attraktiv, sich als Opfer zu fühlen? Was etwa läßt es nützlich erscheinen, Frauen als die «eigentlichen Opfer» aller möglichen Katastrophen auszudeuten? Obzwar in unseren Breiten noch immer weit überwiegend Homosexuelle, Bluter und Drogenabhängige an Aids sterben, wußten manche Frauen früh: Frauen sind die eigentlichen Opfer (der geilen, aidsverseuchten, heterosexuellen Männer). Ähnliches gilt für den Krieg: auch da wissen Frauen, daß ihm zuvörderst Kinder und Frauen zum Opfer fallen – etwas, was noch nicht einmal für den Zweiten Weltkrieg zutrifft. Sie sind Opfer von Vergewaltigungen (die Kriminalitätsstatistik und die Lebenserfahrung weisen die Chance dafür als eher gering aus, Tendenz weiter abnehmend), weshalb sie sich nicht aus dem Haus trauen, und sind fast alle als Kind sexuell mißbraucht worden, weshalb sie auch im Haus nicht sicher sind.

Niemand will die Abscheulichkeit all solcher Verbrechen bestreiten, sofern sie geschehen sind und geschehen können. Aber daß sie im behaupteten Ausmaß zur Lebensrealität von Frauen gehören, stimmt einfach nicht. Katharina Rutschky hat solcherlei Spiele mit der Dunkelziffer im Falle sexuellen Mißbrauchs kritisiert und ist dafür von Andersgläubigen tätlich angegriffen worden – warum? Weil sie die Methoden unlauter nennt, die die entsprechenden Lobbies im Kampf um finanzielle Mittel benutzen, weil angeblich nur die große Zahl im öffentlichen Gewissen noch Wirkung zeigt? Oder weil sie eine insbesondere bei Frauen, aber mittlerweile auch bei Männern beliebte, weil ertragreiche Lebenslüge angreift: den Opferstatus? Wieso ist vielen wohler, wenn sie sich als Opfer der Verhältnisse fühlen oder darstellen können? Vielleicht verdankt sich ja auch diese Strategie den wachsenden Anforderungen der Moderne. Es scheint fast, als ob die Flucht in den Opferstatus die einzige Möglichkeit geworden ist, sich einem überwältigenden globalen Krisenzusammenhang zu entziehen und zugleich mit der Tatsache umzugehen, daß der und die einzelne womöglich längst in einem so existentiellen Sinn zu Tätern geworden sind, daß Verdrängung geboten ist.

Menschen treffen heute Entscheidungen, die sie früher nicht haben treffen müssen bzw. können – und wenn, dann hatten sie feste Instanzen an ihrer Seite wie Gott oder Herkommen. Es ist nicht nur der moralische Imperativ, der alltägliche Entscheidungen zum globalen Drama hat werden lassen – «wenn du Tropenholz kaufst, ist das Weltklima bedroht». Auch die Freiheitsmöglichkeiten, wie sie im medizinischen Fortschritt liegen, sind ebenso atemberaubend wie erschreckend – etwa wenn Frauen sich der Entscheidung gegenüber sehen, einen als geschädigt diagnostizierten Fötus abzutreiben. Das Ausmaß, in dem Schicksal unser Leben bestimmt, hat abgenommen. Segensreicherweise. Damit aber muß Existentielles vom Individuum selbst entschieden werden, mehr als Menschen noch vor einem Jahrhundert sich überhaupt nur vorstellen konnten. Der Kampf um den Opferstatus ist vielleicht der Versuch, der alltäglichen Täterschaft zu wehren, sich einer Verantwortung zu entziehen, die für manch einen ohne die Krücken von Religion und Tradition schier nicht zu bewältigen zu sein scheint. Angst vor der Freiheit? Wahrscheinlich. Von dem Wunsch nach Lebenshilfe kündet nicht zuletzt der Zulauf, den religiöse Sekten und andere Sinnstiftungsagenturen haben.

Wenn der Opferstatus Selbstverantwortung leugnet, wird das gebeutelte Individuum, mit dem wir es zu tun haben, wohl schwerlich die Souveränität noch aufbringen, auch für größere Zusammenhänge geradezustehen. Vielleicht ist das der Grund, warum moralische Appelle hierzulande ans arme Ich des einzelnen appellieren und im Gewand der identifikatorischen Moral daherkommen: Aids «geht alle an», «Heute die, morgen Du» sind Parolen, die Solidarität einklagen von potentiellen Opfern – mit Behauptungen, die gründlich falsch sind. Denn im Sinne individueller Betroffenheit geht Aids keineswegs alle an, und es ist höchst unwahrscheinlich, daß das, was Ausländern von deutschen Jungschlägern angetan wird, auch Otto Normalverbraucher trifft. Diese Parolen machen entweder mit der großen Zahl Politik. Oder sie greifen die Vorstellung auf, daß Solidarität nur unter Betroffenen oder potentiell Betroffenen funktioniert. Das allerdings hat eine Kehrseite. Die Behauptung «Das geht alle an!» erlaubt auch die Replik «Das betrifft mich nicht», weil es ein von der eigenen Person getrenntes Interesse an einem funktionierenden Gemeinwesen – zu dem die Abwesenheit von krasser Ungerechtigkeit und Gewalt gehört – gar nicht mehr voraussetzt. Eine infantile Kultur, die nur für wirklich hält, was «mich» betrifft, mag zwar auf der Oberfläche «wärmer» sein, wirkt indes auf die Textur von Gesellschaften weit verheerender ein denn jener Konventionalismus, wonach man für die Vorteile und Rechte, die ein Gemeinwesen gibt, auch selbstverständlich Pflichten akzeptiert.

Dabei hinkt der moralische Diskurs der pluralistischen Wirklichkeit hinterher: Wir müssen ja längst als einander herzlich Fremde füreinander einstehen, ganz und gar «unidentisch», obwohl es dafür keinen Grund gibt außer dem wohlverstandenen Eigeninteresse am Gemeinwesen (die «Volksgemeinschaft» mal weggelassen, an die niemand mehr glaubt). Das aber wird immer schwieriger, je weniger die nationalen Solidaritätsquellen sprudeln wie die Gewerkschaften oder die Arbeitslosen- und Krankenversicherungen und die Solidargemeinschaften großen und kleinen Stils (und je weniger die Lösung der großen Zukunftsprobleme noch auf nationaler Ebene gelingen kann). Solidarität mit der Welt insgesamt? Wenn das mehr sein soll als jene Spendenbereitschaft, die Westdeutsche auszeichnet, mehr als ein abstraktes Bekenntnis, dann ist die Hoffnung müßig. Wahrscheinlicher als die Internationalisierung der Solidarität ist die Erosion jenes demokratischen Nationalstaates, der bislang der Garant für Freiheits- und Menschenrechte, für sozialen Ausgleich und körperliche Unversehrtheit war, zugunsten eines Tribalismus der Gruppenegoismen. Die Qualität unserer Politik und unserer Politiker spiegelt das längst wider: Man fordert Gemeinsinn als Qualität jedes einzelnen Bürgers und opfert derweil den im politischen Prozeß herzustellenden Willen der Allgemeinheit der populistischen Befriedigung der Interessen großer Wählersegmente bzw. mächtiger Lobbies. Der um sich greifende Tribalismus auf ideologischer Ebene jedenfalls macht die Antwort nicht einfacher auf die Frage, wie Gesellschaften ihre öffentlichen Belange zum Wohle aller regeln und gestalten können.

Identitäterä

PC ist Stammesideologie. Und davon gibt es auch in Deutschland reichlich, obzwar selten im Gewand ethnischer Identität. Stammesideologie heißt: das Insistieren auf den eigenen Gesetzen gegenüber allem, was demgegenüber allgemeinen Rang beanspruchen will – denn das sei auch nichts weiter als eine konkurrierende Stammesideologie.

Mit anderen Worten: Es gelten keinerlei Maßstäbe als die, welche sich eine Gruppe selbst gibt, die sich möglichst auch noch als Opfer definiert. Nach diesem Muster haben die von den Jüngeren bedrängten und befragten Zeitgenossen der Nazis in den sechziger Jahren reagiert, und man hätte glauben können, solche Sentenzen seien seither aus der Mode gekommen: Niemand dürfe urteilen, der nicht «dabeigewesen» sei. Schon erfreut sich das wieder großer Beliebtheit im Osten Deutschlands. Jetzt wird den Brüdern und Schwestern aus dem Westen das Urteil versagt – sie könnten alle nicht mitreden, sie seien ja nicht dabeigewesen.

Der Behauptung von den exklusiven Maßstäben gesellt sich dabei gern der Verweis auf die eigene Identität hinzu. Es war im Frühjahr 1994, als eine junge Frau der Versammlung Wohlmeinender während einer jener Zusammenkünfte, auf denen ost- und westdeutsche Intellektuelle «die Mauer im Kopf niederreißen» sollen, entgegenschleuderte, sie sei froh, daß man sich im Osten der bundesdeutschen Parteiendemokratie gegenüber so skeptisch zeige. Auch sie sei an «eurer Demokratie» nicht sonderlich interessiert – die gehöre nämlich nicht zu ihrer «Identität als DDR-Frau».

Daß die Demokratie der «kulturellen Eigenart» dieser oder jener Ethnie oder gesellschaftlichen Gruppe widerspreche und niemandem «aufgestülpt» werden könne, ist in einem Land, dem die Aufstülpung der Demokratie durch die Alliierten nach 1945 bestens bekommen ist, noch immer ein Satz, der auf verblüffend viel Verständnis trifft. Es ist nicht nur der alte deutsche Gegensatz von Kultur und Zivilisation, der hier überdauert hätte, sondern es sind neue Differenztheorien, die der «Kultur», der «Identität» einer gesellschaftlichen oder ethnischen Gruppe einen höheren Wert beimessen als die Einhaltung jener scheint's «nur formalen» Regeln des Umgangs miteinander, wie sie die Demokratie auszeichnet, die verfahrensorientiert ist.

Irritierend ist dabei vor allem die Selbstverständlichkeit, mit der ein tolerantes Publikum akzeptiert, daß es keinerlei allgemeinverbindliche Maßstäbe für den Umgang miteinander geben soll. Mit der gleichen Logik haben politisch korrekte Kreise in den USA im Verfahren gegen den des Mordes an seiner weißen Frau angeklagten O. J. Simpson eine exklusiv schwarz – und womöglich auch noch ausschließlich männlich – besetzte Jury gefordert, weil man keinem Weißen (keiner Frau?) die nötige Objektivität zutraue. Vom Opfer her gesehen, hätte die Forderung auf eine ausschließlich weiße und weibliche Jury nahegelegen – oder auf eine schwarze und weiße, aber in jedem Fall nur aus Frauen zusammengesetzte. Daß der Zweifel an einer Hautfarbe und Geschlecht übergreifenden «Objektivität» nicht unberechtigt ist, muß man zugeben. Und daß Klassen- und Rassenjustiz an der Quelle dieses Zweifels liegen, ebenfalls. Aber die Logik der politisch korrekten Forderung zielt auf Stammesrecht: Nur wer dabei war, zu uns gehört, kann urteilen. Nach dieser Logik dürfte man nur Angehörige der Mafia über die Mafia urteilen lassen.

Ähnlich riskant ist die Behauptung, die kulturelle Identität hätte einen höheren Rang als die formalen, «blutleeren» Prinzipien der Demokratie, als die «abstrakten» Freiheits- und Menschenrechte. Nach dieser Logik haben fundamentalistische Muslime in Großbritannien ein Gegenparlament gegründet: vom britischen Parlament als dem Repräsentationsorgan einer anderen Kultur fühlten sie sich nicht vertreten. Auch die Diskussion um eine doppelte Staatsbürgerschaft hierzulande leidet unter diesem Mißverständnis. Man kann, das ist richtig, nicht nur angesichts der Geschichte niemandem abverlangen, dem deutschen Volk beizutreten. Unter der Voraussetzung aber, daß wir endlich von der Volks- und Blutgemeinschaft als Grundlage der politischen Nation Abschied nehmen und Staatsbürgerschaft auf ein *ius soli* und auf ein Bekenntnis zur politischen Verfassung dieses Landes gründen, ist schwerlich einzusehen, warum dann noch ein Vorbehalt eigener «kultureller Identität» gelten soll. Das ergibt nur einen Sinn, wenn man der Meinung ist, die kulturelle Selbstdefinition habe absoluten Vorrang gegenüber dem Einverständnis mit den allgemeinen Regeln, die sich eine Gesellschaft gibt. Auch das aber wäre Tribalismus – unter dem Deckmantel der Toleranz haust der Luxus, es mit den «westlichen Errungenschaften» der Demokratie nicht so genau zu nehmen.

Hier liegt der Grund, warum nicht nur konservative Kritik in der Bundesrepublik *Political Correctness* für politisch gefährlich hält: sie ist eine Ideologie der Bollwerkbildung, nicht des geregelten Verkehrs. Sie setzt nicht auf Verständigung und Konsens und akzeptiert im Extremfall noch nicht einmal die paar Grundregeln im Umgang miteinander – diese «pragmatischen Universalien» seien ja nichts anderes als eine Erfindung toter weißer Männer, also einer dominanten Kultur, die lediglich Unterdrückung ausübe, wenn die Rede auf Freiheit und Menschenrecht kommt.

Daß man anderen Kulturen nicht «zumuten» könne, sich jenen Regeln und Maßstäben anzubequemen, die in den westlichen Demokratien in puncto Freiheit und Menschenrecht gelten, ist der auf die Spitze getriebene Kulturrelativismus der *Political Correctness*, mit dessen Hilfe man sogar das Todesurteil fundamentalistischer Mullahs gegen den Dichter Salman Rushdie rechtfertigen kann. Daß dieses oder jenes «meiner Identität» nicht zuträglich sei, ist auf etwas niedrigerer Stufe die Begründung für den Ausstieg aus allem, was die Voraussetzung für Prozesse der Verständigung und des Aushandelns bedeutet.

Der muslimische Sozialwissenschaftler Bassam Tibi wird nicht müde darauf hinzuweisen, daß diese Toleranz gegenüber allem, was andere, nichtdemokratische Kulturen für sich reklamieren, um das Überleben der westlichen Demokratie fürchten läßt – denn ihre Nutznießer lassen selten jenen feurigen Stolz erkennen auf die eigenen kulturellen Errungenschaften (wie eine halbwegs funktionierende Demokratie, rechenschaftspflichtige Verwaltungen und Rechtsstaatlichkeit), der ihren fundamentalistischen Gegnern eigen ist. Denn auch hierzulande wird gern gesucht nach Bindungen anderer, «tieferer» Art, als die individualistische Moderne und die formale Demokratie sie anbieten. Andere haben bei dieser Suche längst den Vorzug entdeckt, der darin liegt, diese Bindungen ethnisch oder religiös zu begründen – also als etwas, das auf die Natur oder doch wenigstens auf eine lange Geschichte zurückblicken kann. Die meisten dieser «Traditionen» sind indes durchaus erfunden – vom Schottenrock bis zur fundamentalistischen Auslegung des Koran, vom «Arier» bis zur serbischen Überlegenheit. Der blühende Handel mit allerhand «natürlichen» Begründungen öffnet die Augen für den Vorzug des «Künstlichen»: es bleibt, da menschengemacht, verhandelbar. Die auf ethnische Differenzen begründeten Konflikte indes können, da Natur gegen Natur steht, nicht im Kompromiß entschieden werden und sind ihrem Wesen nach unendlich – bzw. sie dauern bis zur Auslöschung einer der Kontrahenten.

Nachtgebet

Vielleicht müssen wir uns ja abfinden mit einer Wiedererstehung von Stammeskulturen, und *Political Correctness ist* die neue Form der Höflichkeit – die herrische Einforderung von «Toleranz» auch, wenn das auf Kosten der letzten konsensstiftenden Institutionen geht. Doch damit ist auch klar, daß PC nicht taugt als eine Umgangsweise, die Grenzen öffnen oder überbrücken könnte.

Daß sie den Kulturrelativismus institutionalisiere, kritisiert manch einer auch am Traum von der «Multikulturellen Gesellschaft». Wenn «MultiKulti» heißt, daß wir auch hierzulande endlich Abschied nehmen müssen von der Vorstellung eines homogenen Staatsvolks, daß andere Sitten und Gebräuche, andere religiöse Gewohnheiten und Empfindlichkeiten, andere Kleiderordnungen und andere Höflichkeitsgesten zu akzeptieren sind, dann läge in dem Konzept kein Problem: es verlangte lediglich die Anpassung an die Realität, und man könnte höchstens kritisieren, daß die Apostel der schönen, neuen, bunten Welt übersehen, daß das Zusammenleben unterschiedlicher Kulturen für alle Beteiligten nicht nur Zunahme an Glück, sondern auch an Stress und Ängsten bedeutet.

Wichtiger aber noch wäre die Überlegung, daß MultiKulti nicht weniger, sondern mehr jener Regeln braucht, die für alle gelten; daß das Modell konkurrierender Kulturen, das ohne eine dominante Kultur auskommt, im Zweifelsfall keinen Zugewinn an Kohärenz bedeutet; daß mehr denn je eine allgemeinverständliche Gestik, eine *lingua franca* gebraucht wird, eine Sprache, mit deren Hilfe man sich, bei Anerkennung der Differenz, auf das Nötigste einigen kann. Der Verzicht auf Gesten der Höflichkeit ist der Verzicht auf die simpelste Weise, eine allgemeinverständliche Sprache im öffentlichen Raum herzustellen – Zuvorkommenheit und Beschwichtigung sind nämlich schwerlich mißzuverstehen.

Die regelmäßigen Deklarationen inniger Zuneigung zu anderen Kulturen, die der moralisierende öffentliche Diskurs in jedem Konfliktfall absondert, geht am Problem vorbei. Es ist nicht nur unmöglich, es ist auch ziemlich unnötig, alle Menschen zu lieben –

mal ganz abgesehen davon, daß sie in ihrer Mehrzahl nicht unbedingt liebenswürdig sind. Es genügte, einen Umgang mit ihnen zu finden – eine Sprache, die die Sprache der Gewalt ausschließt.

Maximalistische Forderungen nach rundum positiven Gefühlen zu (fast) allen verfehlen nicht nur ihren Zweck. Sie erlauben überdies den Umkehrschluß: alles sei erlaubt gegen jene, die ins Nachtgebet der milden Güte nicht eingeschlossen sind, die nicht «geliebt» werden sollen – die Bösen, die Männer, die anderen, die links wie rechts gerade irgendwie als politisch inkorrekt Ausgedeuteten. Die Gefahren einer solchen Deutung liegen auf der Hand: wenn das Recht nicht mehr «ohne Ansehen der Person» gilt, sondern nur für die «Guten», ist der Definitionswillkür das Tor sperrangelweit geöffnet. Wer weiß, wer dann alles wieder zum Volksschädling erklärt wird.

Listen der Vernunft

Was darf man von sich und anderen im Fall des Falles erwarten, welche persönlichen Maßstäbe gelten, wie und warum tut jemand das Richtige – oder läßt doch wenigstens das Böse? Vielleicht waren es solche und ähnliche Fragen, die insbesondere Jugendliche im Frühjahr 1994 scharenweise in Steven Spielbergs «Schindlers Liste» gehen ließen. Vielleicht aber hatten sie profanere Wünsche, wie Beobachter alsbald argwöhnten und vorauseilend kritisierten.

Darf man einen (Holllywood-)Film über eine solche Gestalt wie jenen Schindler machen, der gleich Indiana Jones durch die Schluchten und Abgründe des Nazireichs irrlichterte, um einigen hundert Juden das Leben zu retten? Solche und ähnliche Fragen nach Steven Spielbergs Verfilmung der folgenreichsten Jahre in der Biografie des Oskar Schindler konnten nicht ausbleiben: die einen vermuteten, was sonst, die profitträchtige Verkitschung, die anderen die Profanisierung des Holocaust; wiederum andere fürchteten, der Film offeriere den Deutschen einen Fluchtweg aus der Kollektivschuld – seht her, es waren ja gar nicht alle so übel.

Der Vorwurf, der Film eigne sich dazu, den Deutschen etwas von ihrer Schuld an den Verbrechen Deutschlands und der Deutschen unter den Nazis zu nehmen – und das in Zeiten, in denen rechtsradikale Schlägertrupps wieder stolz darauf sein wollen, Deutsche zu sein –, ist absonderlich, denn er impliziert, es habe nicht nur kaum jemanden gegeben, der sich den Verbrechen verweigerte und das Richtige tat, dies sei überdies auch nichts, worauf man sich im Land der Täter positiv beziehen könne. Worauf, fragt man sich da, denn eigentlich sonst?

Auf organisierten Widerstand im Geiste möglichst auch noch der richtigen Weltanschauung? Das war, in der Tat, Oskar Schindlers Angelegenheit nicht. Sein Handeln war nicht darauf bezogen, das Übel an der Wurzel zu bekämpfen, nämlich die Nazi-Diktatur abzuschaffen, er versuchte – «lediglich» –, das wenige zu tun, was ihm in seinem unmittelbaren Wirkungskreis möglich schien: Juden zu retten, indem er sie als für seine Fabrikproduktion unentbehrlich auf «Schindlers Liste» setzte. Dies gelang ihm, folgt man dem Film, um so besser, je eher er den Nazis als einer der Ihren erscheinen konnte, je geschickter er das Spiel von Schmeichelei und Erpressung spielte, je ähnlicher er ihnen war. Eine schillernde Figur also war dieser Schindler, ein Lebenskünstler, ein Spieler.

Die Debatte, wie ein echter, ein guter Widerstand und seine Protagonisten auszusehen hätten, wird auch an anderer Stelle geführt. Waren die Männer des 20. Juli überhaupt Demokraten? Waren es etwa die Kommunisten, oder trifft für sie als Bündnispartner eines der Kriegsgegner Deutschlands die Kategorie des Widerstands gar nicht zu? Reicht es aus, im katholischen Elternhaus früh mit Abneigung gegen die Nazis sozialisiert worden zu sein? Und ist ein Antisemit in der Walhalla des Widerstands zugelassen, der lediglich die Schlußfolgerung der Nazis, nämlich den Judenmord, nicht ziehen wollte?

Nur einen sauberen und allseits akzeptablen Widerstand als positives Gegenbild zur deutschen Wirklichkeit während der Nazizeit zuzulassen hieße, die Kompliziertheit der Zeiten und der Menschen zu unterschätzen. Die Weimarer Republik, der erste schwache demokratische Versuch der Deutschen, wurde in ihrer kurzen Geschichte weder von den Linken noch den Rechten sonderlich geschätzt, geschweige denn verteidigt. Das ist eine der vielen Tragödien der deutschen Geschichte und erklärt zugleich, warum es keinen Widerstand gab, der unter der Fahne der Demokratie antrat. «Soldatenehre» und preußische Wertmaßstäbe mögen wenig Republikanisches an sich haben. Wer sich, gegen Hitler, auf sie berufen hatte, machte indes deutlich, daß das Naziregime nicht nur gegen demokratisches, sondern auch gegen konservatives Wertempfinden verstieß, ja eine Grenze der Zivilisation schlechthin überschritten hatte.

Und die Ikone des kommunistischen Widerstands? Sie leuchtet nicht deshalb weniger hell, weil er sich vornehmlich im Hotel Lux in Moskau abgespielt hätte, sondern höchstens, weil die KPD unzählig viele ihrer braven Parteimitglieder, die auch nach dem Hitler-Stalin-Pakt im Kampf gegen die Nazis nicht nachließen, über die Klinge hat springen lassen bzw. der Gestapo ans Messer lieferte. Organisierter Widerstand ohne Abhängigkeit von den ideologischen Frontverläufen der damaligen Zeit war, mit anderen Worten, kaum möglich – die quälenden Streitereien der Linken im Exil bezeugen das. Jenseits dessen gab es nur noch das Märtyrertum von Einzelgängern, eine Option, die den wenigsten Menschen ohne große Religiosität gegeben sein dürfte. Das Vorbild der großen, gottesgläubigen Märtyrer ist nicht verallgemeinerbar, im Gegenteil: es überfordert. Wenn ein Widerstehen vieler Menschen in einer vergleichbaren Situation künftig aussichtsreich sein soll, muß man sich auf andere menschliche Qualitäten berufen.

Genau deshalb ist Spielbergs Oskar Schindler interessant: nicht weil er ein guter Mensch war, sondern weil er das Richtige tat. Sein Handeln scheint einem einfachen, aber fundamentalen Empfinden gefolgt zu sein, das sich womöglich im allerbanalsten Satz am treffendsten ausdrückt: «Das tut man nicht.» Man befiehlt und exekutiert keinen Massenmord an Menschen, die man nach religiösen oder angeblichen rassischen Kriterien ausgesondert hat: dies ist die Grenze, die nicht überschritten werden darf. «Das tut man nicht» ist, wenn man so will, konventionell. Es ist ein Empfinden, das sich wahrscheinlich sogar mit vielerlei anderen Regelverstößen arrangiert. Es entspringt keinerlei höheren Tugend als einem Gefühl für die fundamentalen Regeln des Zusammenlebens.

Es ist üblich geworden, den Charakter der Deutschen zu analysieren, wenn man Vorhersagen über ihre Anfälligkeit für neuen nationalistischen und anderen Wahn treffen will. Dieser der protestantischen Innerlichkeitstradition entspringenden Sicht zufolge ist nur die Einkehr jedes einzelnen Schutz vor dem Schlimmsten – nicht aber die Institutionen und Konventionen, die die Menschen sich geben. Die Aufforderung zur unmittelbaren charakterlichen Läuterung der Menschen aber hat nicht nur etwas Unrealistisches, sondern auch etwas Totalitäres: sie läßt die Krücken, die die Menschen in ihrer Unvollkommenheit sich geben, die Regeln des Zusammenlebens, die Grenzziehungen als das weniger Wichtige, ja sogar als das Verzichtbare erscheinen. Dabei ist das Gefühl für das, was «sich schickt», was sich «so gehört», bzw. vor allem: was sich nicht gehört, in Zeiten der Versuchung womöglich verläßlicher als der gute Charakter, auf den wir bei Menschen höchstens hoffen, aber nicht setzen sollten.

Daß man auch als Mensch ohne auffallende Tugendhaftigkeit das Richtige tun kann – das ist die Botschaft von Spielbergs Film, die nicht nur menschenfreundlich ist, sondern zugleich eine Ausflucht nicht zuläßt: man brauche größere Charakterstärke, als Menschen normalerweise zur Verfügung steht, um zu tun, was not tut. Viel wäre hierzulande gewonnen, wenn moralische Appelle und pädagogischer Eros sich wieder weniger auf die Besserung der Menschen kaprizierten oder gar auf das Erlernen des Unmöglichen wie der umfassenden Menschenliebe als auf die bescheideneren Aspekte des Zusammenlebens: auf den gewaltfreien Umgang auch mit Menschen, die man nicht liebt.

Nachwort

«Jeder muß die Regeln erfinden. Sie
existieren nirgendwo. Sie werden in zwischenmenschlicher
Zusammenarbeit ausgehandelt.»

Zygmunt Baumann

ABC der Umgangsformen

Achten Sie nicht auf Leute, die freundliche Umgangsformen für altmodisch halten. Es gibt zwei unschlagbare Gegenargumente, je nach Gesprächspartner: der Verweis auf den Chef der Deutschen Bank, der besseren Manieren eine 25prozentige Umsatzsteigerung zuschreibt. Oder der Hinweis darauf, es müßten sich ja nicht alle Deutschen aufführen, als seien sie die Teutonen, vor denen sie selbst immer warnen.

Bekennen Sie sich zu den kleinen Gesten der Zuvorkommenheit, der Beschwichtigung im öffentlichen Raum. Kunstlose Unmanierlichkeit hat mit Freiheit nichts zu tun. Und es muß doch noch irgend etwas geben jenseits allumfassender Menschenliebe hier und ruppiger Beziehungslosigkeit da. Oder?

Courtoisie ist so einfach: Sich entschuldigen, auch wenn man sich nicht schuldig fühlt. Jemandem den Vortritt lassen. Beim Kaugummikauen den Mund zumachen – im Vergleich zu vergangenen Kulturen sind wir heutzutage nachgerade bescheiden, was den Katalog des Wünschenswerten betrifft. Dabei ist Gesellschaft etwas, das man sich ruhig etwas kosten lassen sollte. Man gönnt sich ja sonst nichts.

Denken Sie nicht gleich, unter der Maske eines höflichen jungen Mannes verberge sich wahrscheinlich doch nur ein Betrüger, der es auf Ihre Ersparnisse abgesehen habe – ein junger Rüpel hingegen sei wenigstens ehrlich, also charakterfest. Wahrscheinlich ist beides nicht richtig – das gilt auch umgekehrt.

Es ist zwar nicht falsch, im anderen stets und ständig den Gegner zu wittern. Dennoch scheinen die meisten von uns geradezu darauf zu warten, daß man ihnen Gelegenheit gibt, sich zu Großtaten der Hilfsbereitschaft und Zuvorkommenheit emporzuschwingen. Lassen Sie Ihnen diese Chance, und fordern Sie zum Guten heraus! Heutzutage ist jeder dankbar, wenigstens kurzfristig keine Schuldgefühle haben zu müssen.

Fragen Sie sich manchmal, kurz bevor Sie Ihr Diktaphon anstellen, den Walkman lauter drehen oder den Laptop auspacken, ob sich andere gestört fühlen könnten? Dann fragen Sie doch einfach mal nicht sich, sondern die anderen! Das soll Wunder wirken. Warnung: wahrscheinlich nicht bei mir.

Grußarbeit nennt Michael Rutschky das einfachste Mittel, erstaunliche Effekte zu erzielen: Nicken Sie im sozialen Zweifelsfall dem anderen einfach zu und grüßen Sie! Das schafft zunächst Erstaunen und später viel Gesprächsstoff. Auf die Dauer wirkt es stilbildend und dient der Entspannung im öffentlichen Raum.

Hören Sie nicht auf die Apostel der «sozialen Wärme», die alles und jeden versöhnen wollen! Seien Sie nicht herzlich, wenn Ihnen gar nicht danach ist! Auch andere wollen keineswegs ständig nur geliebt werden. Es genügte ihnen völlig, man befleißigte sich eines höflichen Umgangs mit ihnen. Die meisten von uns wollen nicht umarmt, sondern respektiert werden.

Insistieren Sie darauf, daß in Ihrem Lieblingsrestaurant Menschen mit portablen Telefonen draußen bleiben müssen – und versprechen Sie dem Wirt oder der Wirtin, solcherlei weisen Beschluß weiträumig herumzuerzählen.

Ja nicht verzagen, wenn Sie sich morgens zum flächendeckenden Lächeln entschlossen haben, und niemand lächelt zurück. Vielleicht liegt es nur am Wetter oder daran, daß Sie selbst Ihrer Strategie nicht recht trauen. Bestimmt aber werden die meisten Ihrer Opfer anhaltend unter sozialen Gewissensbissen leiden und schon den nächsten armen Menschen unverhofft anstrahlen. Merke: Manieren sind ein selbstlernendes System.

Kritisieren Sie Menschen, an denen Ihnen liegt – der Form nach freundlich, der Sache nach korrekt. Kritik, die höfliche Sorte, will den anderen nicht vernichten, sondern ihm signalisieren, daß man nur das Beste von ihm erwartet. Wer alles kritiklos hinnimmt, betrügt den anderen um die Chance, sein Optimum zu geben.

Lassen Sie sich von niemandem einreden, aufgeklärte Frauen legten auf Gesten der Höflichkeit keinen Wert. Nutzen Sie die

Gelegenheit zum sozialen Test: quittiert sie Ihre männliche Zuvorkommenheit mit kennerisch-spöttischem Lächeln, dann
sollten Sie sie um ihre Fax-Nummer bitten oder es mit einem
Zitat aus einem kultivierten Kinofilm versuchen.

Machen Sie die Probe aufs Exempel: die meisten Menschen sind
unhöflich, weil sie unsicher sind.

Nützlich ist immer, das Gute, wenn nicht gar das Beste anzunehmen. Die meisten Menschen verkennen, wie sehr sie doch immer noch auf jene sozialen Zwänge hereinfallen, von denen sie
sich längst emanzipiert wähnten: das macht es uns unmöglich,
gegenüber dem Gutgläubigen das eigentlich schon fest einge-
plante Böswillige auch durchzusetzen.

Ohne Distanz ist alles nichts. Wer jede/n gleich umarmt, wer alle
sofort duzt, wer kein Maß und keine Zurückhaltung kennt, be-
gibt sich der schönen Möglichkeit, eine Beziehung langsam zu
steigern. Weshalb es zu ihr meistens auch gar nicht erst kommt.

Präventive Höflichkeit kann man auch zur Waffe weiterentwik-
keln. Für explosive Nebeneffekte wird hier keine Garantie über-
nommen.

Quälen Sie sich nicht mit der Vorstellung, angesichts der Lage der
Welt, angesichts Not, Hunger, Krieg anderswo, sei es doch der
pure Luxus, sich im Lande des völlig unverdienten Reichtums
auch noch mit Petitessen wie dem gepflegten Umgang abzugeben. Das ist Betrug an all denen, die sich nichts sehnlicher wünschen, als endlich einmal nur noch solche Probleme zu haben.

Regeln sind nichts Starres, sondern Grundlage für jenes Spiel, das
Gesellschaft heißt und zu dem auch die Abweichung von den
Regeln gehört, ein Spaß, den uns jene vermiesen, die überhaupt
keine Regeln mehr kennen wollen.

Schmeicheln Sie ruhig mal, auch Leuten, an denen Ihnen nichts
liegt. Selbst wer das Spiel durchschaut, kann sich wenigstens
simulationshalber in jenen Zustand der Großmütigkeit versetzen, der insbesondere deutschen Post- und Paßbeamten heute,
angesichts von Status- und Autoritätsverlust, so selten noch ver-
gönnt ist.

Theoretiker der Höflichkeit sehen keine materielle Existenzgrundlage mehr für sie. Das sollte uns nicht hindern. Aussterbende Arten sind hierzulande schließlich sehr beliebt.

Und was ist mit der «Wiederkehr des Bösen», dem Weltuntergang und dem Deutschen Aktienindex?

Versuchen Sie es, wie Peter Turrini vorschlägt, allen schlechten Nachrichten über den menschlichen Charakter zum Trotz, einfach einmal mit Vertrauen – mit hemmungslosem, wohldurchdachtem, gezieltem, gegebenenfalls sogar naivem Vertrauen. Die

Wahrscheinlichkeit, zu schönen Erfahrungen dabei zu gelangen, ist groß.

Zum Selbstversuch ist jeder aufgefordert.

Verzeicht mir!

«Verfallen Sie Ihren Mitmenschen
gegenüber in allerplumpstes Vertrauen, und denken Sie ständig
daran, daß es weniger Mörder gibt, als man nach dem Konsum
des Fernsehprogrammes annehmen würde. Ich wage mich
manchmal, selten genug, an diese Übung heran, und ich habe
dabei immer sehr schöne Erfahrungen gemacht. Der Schaden, der
mir entstand, war zumeist gering, und der Gewinn, der mir
zufiel, war fast immer beträchtlich.»

Peter Turrini

Interessante Einsichten und wichtige Belege für meine Thesen ge-
wann ich aus der Beobachtung der eigenen Person im Wandel der
Zeiten. Ich bin deshalb sicher: für gute Umgangsformen ist es nie
zu spät. To whom it may concern…

Für ihren tänzerischen Geist, ihr «Ethos der Grazie» (Plessner)
danke ich Ingke Brodersen, Ingrid Karsunke, Renate Schumacher
und Margareta Wolf; für ihre Contenance allen Männern, die sich
darauf verstehen.

Ausgewählte Literatur

Beck, Ulrich, Beck-Gernsheim, Elisabeth: Das ganz normale Chaos der Liebe, Frankfurt am Main 1990

Cohn-Bendit, Daniel, Schmid, Thomas: Heimat Babylon. Das Wagnis der multikulturellen Demokratie, Hamburg 1992

della Casa, Giovanni: Der Galateo. Traktat über die guten Sitten, Heidelberg 1988

Grawert-May, Erik: Die Sucht mit sich identisch zu sein. Nachruf auf die Höflichkeit, Berlin 1992

Hughes, Robert: Nachrichten aus dem Jammertal. Wie sich die Amerikaner in *political correctness* verstrickt haben, München 1994

Knigge, Adolf Freiherr: Über den Umgang mit Menschen, Kettwig 1991

Lethen, Helmut: Verhaltenslehren der Kälte. Lebensversuche zwischen den Kriegen, Frankfurt am Main 1994

Plessner, Helmuth: Grenzen der Gemeinschaft. Eine Kritik des sozialen Radikalismus (1924), Bonn 1972

Rutschky, Katharina, Wolff, Reinhart: Handbuch sexueller Mißbrauch, Hamburg 1994

Schönfeldt, Sybil Gräfin: 1 × 1 des guten Tons. Das neue Benimmbuch, Reinbek 1987

Schulze, Gerhard: Die Erlebnisgesellschaft. Frankfurt / New York 1992

Sennett, Richard: Verfall und Ende des öffentlichen Lebens. Die Tyrannei der Intimität, Frankfurt am Main 1983

Stäblein, Ruthardt: Höflichkeit. Tugend oder schöner Schein, Bühl-Moos 1993

Tannen, Deborah: Du kannst mich einfach nicht verstehen. Warum Männer und Frauen aneinander vorbeireden, Hamburg 1991

Hartwig Bögeholz
**Die Deutschen nach dem Krieg.
Eine Chronik** *Befreit, geteilt,
vereint: Deutschland 1945
bis 1995*
(rororo aktuell 13564)

Richard Herzinger / Hannes
Stein
**Endzeit-Propheten oder Die
Offensive der Antiwestler**
*Fundamentalismus,
Antiamerikanismus und
Neue Rechte*
(rororo aktuell 13561)

Thomas Leif / Joachim
Raschke
**Rudolf Scharping, die SPD und die
Macht** *Eine Partei wird
besichtigt*
(rororo aktuell 13519)

Jürgen Nowak
Europas Krisenherde
*Nationalitätenkonflikte vom
Atlantik bis zum Ural - Ein
Handbuch*
(rororo aktuell 13422)

Werner Raith
Der Korruptionsschock
*Demokratie zwischen
Auflösung und Erneuerung.
Das Beispiel Italien*
(rororo aktuell 13517)

Erwin K. Scheuch / Ute
Scheuch
Cliquen, Klüngel und Karrieren
*Über den Verfall der
politischen Parteien - eine
Studie*
(rororo aktuell 12599)
Bürokraten in den Chefetagen
*Deutsche Karrieren: Spitzen-
manager und Politiker heute*
(rororo aktuell 13518)

Jürgen Streich
Die neuen Atommächte *Wer sie
sind und was sie wollen*
(rororo aktuell 13178)

Peter Struck
Schulreport *Zwischen Rotstift
und Reform oder Brauchen
wir eine andere Schule?*
(rororo aktuell 13562)

Ein Gesamtverzeichnis der
Reihe *rororo aktuell* finden
Sie in der *Rowohlt Revue.*
Jedes Vierteljahr neu.
Kostenlos in Ihrer Buch-
handlung.

Dirk Brouër, Herbert Trimbach u.a.
Offene Vermögensfragen - ein Ratgeber *Der Streit um Häuser, Datschen und Grundstücke: Zur veränderten Rechtslage in den neuen Ländern*
(rororo aktuell 13672)

Daniela Dahn
Wir bleiben hier oder Wem gehört der Osten *Vom Kampf um Häuser und Wohnungen in den neuen Bundesländern*
(rororo aktuell 13423)
Mehrere Millionen Menschen in den neuen Bundesländern sehen die Grundlage ihrer Existenz gefährdet. Sie wissen nicht, ob und wie lange sie noch in ihren Häusern und Wohnungen bleiben können. Der Band beschreibt die desaströsen Folgen der bis heute üblichen Rechtspraxis – «Rückgabe vor Entschädigung» – und entwickelt Perspektiven für eine politisch wie sozial vertretbare Eigentumsregelung.

Götz Eisenberg/Reimer Gronemeyer
Jugend und Gewalt *Der neue Generationenkonflikt oder Der Zerfall der zivilen Gesellschaft*
(rororo aktuell 13352)

Walter Hanesch u.a.
Armut in Deutschland *Der Armutsbericht des DGB und des Paritätischen Wohlfahrtsverbandes*
(rororo aktuell 13420)

Holger Rosenberg/Marianne Steiner
Paragraphenkinder *Erfahrungen mit Pflege- und Adoptivkindern*
(rororo aktuell 12989)

Wolfgang Schmidbauer (Hg.)
Pflegenotstand – das Ende der Menschlichkeit *Vom Versagen der staatlichen Fürsorge*
(rororo aktuell 13118)

Burkhard Schröder
Heroin *Sucht ohne Ausweg? – Ein Aufklärungsbuch*
(rororo aktuell 13276)

Bernd Wagner (Hg.)
Handbuch Rechtsextremismus *Netzwerke, Parteien, Organisationen, Ideologiezentren, Medien*
(rororo aktuell 13425)

«Es ist eine Illusion zu glauben, das Problem der Stasi-Akten ließe sich dadurch erledigen, daß man einen riesigen Betondeckel über sie legt, so daß niemand mehr herankommt.»
Joachim Gauck

Joachim Gauck
Die Stasi-Akten *Das unheimliche Erbe der DDR*
(rororo aktuell 13016)

Rudolf Herrnstadt
Das Herrnstadt–Dokument *Das Politbüro der SED und die Geschichte des 17. Juni 1953 Herausgegeben von Nadja Stulz-Herrnstadt*
(rororo aktuell 12837)
Das Herrnstadt–Dokument enthüllt, wie tiefgehend die Krise der DDR–Führungsspitze vor, während und nach dem Aufstand vom 17. Juni 1953 war.

Günter Schabowski
Das Politbüro *Ende eines Mythos. Eine Befragung. Herausgegeben von Frank Sieren und Ludwig Koehne*
(rororo aktuell 12888)
«Mich bedrückt, daß ich ein verantwortlicher Vertreter eines Systems war, unter dem Menschen gelitten haben.»
Günter Schabowski

Cora Stephan (Hg.)
Wir Kollaborateure Der Westen und die deutschen Vergangenheiten
(aktuell 13218)

Joachim Walther / Wolf Biermann / Günter de Bruyn u. a. (Hg.)
Protokoll eines Tribunals *Die Ausschlüsse aus dem DDR-Schriftstellerverband 1979*
(rororo aktuell 12992)

Georg Lukács / Johannes R. Becher / Friedrich Wolf u. a.
Die Säuberung *Moskau 1936: Stenogramm einer geschlossenen Parteiversammlung Herausgegeben von Reinhard Müller*
(rororo aktuell 13012)

Helga Königsdorf
Unterwegs nach Deutschland *Über die Schwierigkeit, ein Volk zu sein: Protokolle eines Aufbruchs*
(rororo aktuell 13618)

Karl Corino (Hg.)
Die Akte Kant *IM «Martin», die Stasi und die Literatur in Ost und West*
(rororo aktuell 13776)

Johannes Beck
Der Bildungswahn
(aktuell Essay 13421)
«Bildungsnotstand» – dieser
populäre und vielzitierte
Begriff führt in die Irre, sofern
er die Aufmerksamkeit
lediglich auf die anachronistisch gewordenen «Lern-
vollzugsanstalten» bündelt.
Zu diagnostizieren ist
vielmehr ein moralischer
Notstand unserer Gesell-
schaft. Die immer wieder
beklagte Bildungskrise ist in
Wahrheit eine Art Bildungswahn: Die totalitär geworde-
ne Pädagogisierung sämtlicher
Lebensverhältnisse.

Johannes Beck

Essay

Der
Bildungswahn

rowohlt

Walter Janka
Schwierigkeiten mit der Wahrheit
(aktuell Essay 12731)

Peter Nádas/Richard Swartz
Zwiesprache *Vier Tage im Jahr
1989*
(aktuell Essay 13277)

Bahman Nirumand
Leben mit den Deutschen *Briefe
an Leila*
(aktuell Essay 12404)

Chaim Noll
Nachtgedanken über Deutschland
(aktuell Essay 13120)
Leben ohne Deutschland
(aktuell Essay 13619)

Ein Gesamtverzeichnis der
Reihe *rororo aktuell* finden
Sie in der *Rowohlt Revue*.
Jedes Vierteljahr neu.
Kostenlos in Ihrer Buch-
handlung.